MINHA VIDA APÓS UM ACIDENTE VASCULAR CEREBRAL

Editora Appris Ltda.
1.ª Edição - Copyright© 2020 do autor
Direitos de Edição Reservados à Editora Appris Ltda.

Nenhuma parte desta obra poderá ser utilizada indevidamente, sem estar de acordo com a Lei nº 9.610/98. Se incorreções forem encontradas, serão de exclusiva responsabilidade de seus organizadores. Foi realizado o Depósito Legal na Fundação Biblioteca Nacional, de acordo com as Leis nos 10.994, de 14/12/2004, e 12.192, de 14/01/2010.

Catalogação na Fonte
Elaborado por: Josefina A. S. Guedes
Bibliotecária CRB 9/870

F811m
2020
	Fragoso, Rogério Soares
	   Minha vida após um acidente vascular cerebral / Rogério Soares Fragoso. - 1. ed. – Curitiba : Appris, 2020.
	   123 p. ; 23 cm. – (Literatura).
	
	   Inclui bibliografias
	   ISBN 978-65-5820-250-9
	
	   1. Memória autobiográfica. 2. Acidente vascular cerebral. I. Título. II. Série.
	
	                                                      CDD – 869.3

Livro de acordo com a normalização técnica da ABNT

Appris editora

Editora e Livraria Appris Ltda.
Av. Manoel Ribas, 2265 – Mercês
Curitiba/PR – CEP: 80810-002
Tel. (41) 3156 - 4731
www.editoraappris.com.br

Printed in Brazil
Impresso no Brasil

Rogério Soares Fragoso

MINHA VIDA APÓS UM
ACIDENTE VASCULAR CEREBRAL

FICHA TÉCNICA

EDITORIAL	Augusto V. de A. Coelho
	Marli Caetano
	Sara C. de Andrade Coelho
COMITÊ EDITORIAL	Andréa Barbosa Gouveia (UFPR)
	Jacques de Lima Ferreira (UP)
	Marilda Aparecida Behrens (PUCPR)
	Ana El Achkar (UNIVERSO/RJ)
	Conrado Moreira Mendes (PUC-MG)
	Eliete Correia dos Santos (UEPB)
	Fabiano Santos (UERJ/IESP)
	Francinete Fernandes de Sousa (UEPB)
	Francisco Carlos Duarte (PUCPR)
	Francisco de Assis (Fiam-Faam, SP, Brasil)
	Juliana Reichert Assunção Tonelli (UEL)
	Maria Aparecida Barbosa (USP)
	Maria Helena Zamora (PUC-Rio)
	Maria Margarida de Andrade (Umack)
	Roque Ismael da Costa Güllich (UFFS)
	Toni Reis (UFPR)
	Valdomiro de Oliveira (UFPR)
	Valério Brusamolin (IFPR)
ASSESSORIA EDITORIAL	Monalisa Gobetti
REVISÃO	Andrea Bassoto Gatto
PRODUÇÃO EDITORIAL	Juliane Scoton
DIAGRAMAÇÃO	Jhonny Alves dos Reis
CAPA	Eneo Lage
COMUNICAÇÃO	Carlos Eduardo Pereira
	Débora Nazário
	Kananda Ferreira
	Karla Pipolo Olegário
LIVRARIAS E EVENTOS	Estevão Misael
GERÊNCIA DE FINANÇAS	Selma Maria Fernandes do Valle
COORDENADORA COMERCIAL	Silvana Vicente

Dedico esta obra a todos os leitores que direta ou indiretamente forem beneficiados com as páginas deste livro.

AGRADECIMENTOS

Passei tempo relacionando nomes importantes para mim e que ficarão guardados no meu coração para o resto da minha vida. São pessoas iluminadas, cada uma com suas qualidades, fraquezas, defeitos, porém, com uma missão maravilhosa. Não quero enumerá-las em grau de importância, meu coração não é dividido dessa maneira. Muito obrigado a todos, cada um, pelo "papel" que interpretaram na minha história. Que Deus ilumine a todos vocês a cada segundo de suas vidas. Agradeço por toda compreensão, força, ajuda, conversas intermináveis, "puxões de orelha", atenção e tantas outras coisas boas que me proporcionaram e continuam proporcionando, neste momento difícil e frágil da minha vida.

Agradeço todos os dias primeiro a Deus, que nos dá um momento em que é possível mudar tudo o que nos deixa infelizes. Pela oportunidade deste aprendizado que venho tendo a cada dia, recordando o passado, abraçando o presente e sonhando com o futuro.

Não tenho como agradecer sem falar, em especial, a Célia, uma das minhas irmãs, que acreditou em mim mais do que eu mesmo e que ao longo destes meses esteve ao meu lado, sendo uma guerreira, orando e abraçando a minha causa. Foram meses de dedicação exclusiva à minha pessoa. Sua calma, sua organização e seu carinho tiveram um papel importante para mim. Muito obrigado! Seu irmão agradece por todo minuto de dedicação e atenção.

A todos da minha família, que estiveram intensivamente ao meu lado enquanto eu organizava minhas ideias e rotina para enfrentar esta nova situação, meu agradecimento para toda a vida, pela compreensão, companheirismo e, principalmente, pelas orações.

Aos meus amigos, que mesmo de longe se faziam presentes, enviando mensagens, orações e energias positivas. Deus colocou muitos "anjos" em minha vida, cada um querendo ajudar a seu modo. Aos que ficaram, minha gratidão eterna; aos que se foram, desperdiçaram a oportunidade de conviver com uma experiência gratificante e enriquecedora.

Aos profissionais de medicina, fisioterapeutas e fonoaudiólogas, que me incentivaram e me receberam de braços abertos, pela insistência, perseverança e profissionalismo para que eu fizesse as sessões de reabilitação, as quais fizeram meus dias serem menos difíceis e me desafiaram a cada sessão, sempre me pedindo para eu ir além!

Figura 1

Fonte: https://i.pinimg.com/originals/02/01/c2/0201c24038d2707f2fdf8ef64ab3d468.jpg. Acesso em: 17 jul. 2017

*Renda-se, como eu me rendi. Mergulhe no que você não conhece como eu mergulhei.
Não se preocupe em entender, viver ultrapassa qualquer entendimento.*

Clarice Lispector

PRÓLOGO

Pedi força e vigor,
Deus me mandou dificuldades para me fazer forte.
Pedi sabedoria,
Deus me mandou problemas para resolver.
Pedi prosperidade,
Deus me deu energia e cérebro para trabalhar.
Pedi coragem,
Deus me mandou situações para superar.
Pedi amor,
Deus me mandou pessoas com problemas para eu ajudar.
Pedi favores,
Deus me deu oportunidades.
Não recebi nada do que queria,
Mas recebi tudo o que precisava![1]
Autor desconhecido

---

[1] Disponível em: https://www.pensador.com/frase/Nzc3NTUx/. Acesso em: 16 abr. 2020.

Figura 2

Fonte: https://www.mensagens10.com.br/mensagem/1509. Acesso em: 15 abr. 2020

APRESENTAÇÃO

"A vida às vezes pode ficar muito difícil e à nossa frente encontramos muitos obstáculos que chegamos a acreditar impossíveis de ultrapassar. Mas quer saber um segredo? Se Deus nos colocou nessas situações é porque acredita que somos capazes de superá-las".

O autor

Toda pessoa tem sua história de superação e esta é a minha. É certo que em nenhum momento imaginei que seria capaz de dividi-la com alguém, mas penso que uma história não existe até que seja lida. Não, não tenho pretensão e nem poderia fazer deste meu relato um estudo sobre meu trauma neurológico. Quem sou eu para entender do cérebro. Deixo essa tarefa para os médicos especializados e outros pesquisadores, que possuem conhecimentos técnicos mais profundos do que eu. Tenho apenas a ousadia de escrevê-lo com a singela intenção de informar, acrescentar, exemplificar e contar detalhes da trajetória, da luta travada contra mim mesmo, após ser diagnosticado com AVC – Acidente Vascular Cerebral, na intenção de registrar os fatos de um sequelado sobrevivente de um derrame cerebral de forma mais natural e realista possível, já na fase de reabilitação. Nele não foram usadas palavras difíceis. Usei uma linguagem que não é técnica para facilitar entendimento e, principalmente, por não ser a minha área de estudo. Escrevo pela necessidade de traduzir em palavras algumas coisas importantíssimas que pude compreender. Entre exercícios e recordações vou devagarinho me reabilitando e contando fatos do passado e do presente. Digo que é maravilhoso escrever algo que aconteceu comigo. Tive ânimo para escrever fatos de que lembrava e peço desculpas se ainda não me lembro de tudo.

Não quero desperdiçar esse duro aprendizado. Quero mostrar o caminho pelo qual passei porque essa experiência poderá ser uma bússola para ajudar a escolha de uma direção. Entendo que o problema não está em ter um derrame, mas no que ele pode representar. Cheguei a essa conclusão depois de passar – e ainda estar passando – por essa enfermidade. Quanto à escolha, bem, eu tinha dois caminhos para seguir, mas só podia escolher um: o primeiro era o da passividade, da apatia, da indiferença, do abatimento, do desânimo, da choradeira, da depressão, enfim, "chorar o leite derramado". Era o passado. O outro era o da luta, do esforço, do empenho, da autossuperação. Era um caminho de futuro em direção à vida. Não tive dúvida. Escolhi o segundo. Era um sinal de dignidade, um desafio. Eu não iria entregar os pontos. Eu queria lutar. Eu queria viver.

Sou uma pessoa religiosa, que num determinado momento foi golpeado pela vida e que deseja escrever o que passou para que possa ajudar a alguém que tenha sofrido os mesmos golpes da vida, compelido pela necessidade de traduzir em palavras algumas coisas importantíssimas que pude compreender e nas quais passei a acreditar. Se este livro puder ajudá-lo em sua caminhada, então eu consegui êxito em extrair alguma bênção do sofrimento. Escrevo com o intuito de iluminar aqueles que estão passando pelo mesmo problema, com mensagens de otimismo, superação e vitória. Espero que possam encontrar aqui as informações necessárias para auxiliar no direcionamento do que deve ser feito para encontrarem suas próprias alternativas em busca de uma maior qualidade de vida.

Comecei como forma de terapia ocupacional e emocional, na qual, ao me concentrar em algo um pouquinho por dia, reconhecendo palavras e lembrando a gramática, eu estava melhorando a minha memória de curto prazo. As situações mais importantes e as lembranças repentinas serviam para reconstituir a memória e relatam minha visão, ainda que por vezes bastante tênue, do acompanhamento e cuidados prestados, abordando o cotidiano, os desafios e os segredos desse mundo vivido. Isso me deu algo para fazer para que eu não me sentisse tão perdido no meu cotidiano. Ao longo do tempo fui fazendo apontamentos sobre a complexidade do trauma neurológico, as passagens pela UTI, a internação, seus problemas e questionamentos, o retorno para casa, as sessões de fisioterapia e fonoaudiologia existentes até hoje, o foco na reabilitação física e psicológica e as reconquistas, evidenciando muita luta, dedicação, reflexão e fé, determinantes para a razoável recuperação de alguém que decidiu correr atrás e não ficar deitado na cama, esperando que a fala e os movimentos voltassem de uma hora para outra.

Se me permitem, devo alertar: isto não é poesia ou fantasia; é realidade! Não tem nada de ficção, nem de personagens de faz de conta. As narrativas são verdadeiras, e não porque eu apenas as presenciei, mas porque aconteceram comigo, nasceram das situações vividas e trazem minhas experiências após o derrame ter comprometido minha fala e a parte motora, assim como a trajetória de reestruturação de minha vida diante das limitações. Logo, este relato é pessoal. Penso que você deveria ler visualizando cada cena e transformando tudo em realidade, pois foi o que aconteceu comigo. Busquei ser muito responsável com as informações que aqui coloquei. Não divulguei nomes de remédios (isso é assunto sério, para ser tratado direto com o médico), nem comentei tratamentos. É uma leitura bastante realista e não focada somente na superação das dificuldades, mas também em mostrar os pensamentos conflitantes que surgem em face à nova condição de vida. Penso que nada melhor do que o ponto de vista de um paciente para colocar as pessoas cientes. Acho importante mostrar que apesar de um trauma neurológico, podemos ter esperança e, com dedicação e persistência, recuperarmo-nos.

O meu estado hoje não diminui o quadro pelo qual passei. Passei um bom tempo até recuperar minha independência. Nada aconteceu de uma hora para outra. Alguns podem ter essa impressão, mas garanto que não foi assim. A partir das experiências que passei – e ainda continuo passando –, procuro mostrar que é possível superar, aprender, conquistar competências e reabilitar habilidades. Trata-se de uma jornada em que me questionei, busquei informações e transformei tudo isso em atitudes de qualidade de vida. Ótima leitura para quem tem interesse sobre o assunto sob o ponto de vista de quem sofreu com a doença e teve a vida drasticamente alterada, com início de uma grande batalha contra as limitações que passaram a ditar a rotina, com a reconquista de detalhes normais a qualquer pessoa, como falar e andar novamente.

Meu primeiro impulso foi me deter apenas em minha experiência pessoal e discutir os malefícios e o quanto qualquer pessoa está sujeita a eles. Acredito que a discussão desse assunto possa trazer conforto para as pessoas. É um mergulho na minha própria experiência, uma jornada de reflexões, um testemunho emocionante de quem teve que lutar e ainda luta pela superação da doença, e aprendeu que pode superar e vencer. Basta querer! Minhas orientações e o meu processo de recuperação foram escritos de forma simples, quase óbvios, pensados e organizados em relatos de lutas contra a doença, que me levaram a refletir sobre a importância que atribuímos às coisas, como ao amor e à vida, que me fizeram pensar que nunca devemos baixar a cabeça perante as dificuldades.

Há muitos sentimentos e emoções, pois o que escrevo é com o coração, uma vez que é nele que os sentimentos puros e verdadeiros tomam formas extraordinárias. São momentos acompanhados de alegrias e agradecimentos a Deus misturados a expressões de preocupação, que nasceram em uma fase muito difícil de minha vida, que havia me roubado a saúde. Foram inspirados nos dias, meses e no passar do tempo, que me fizeram sofrer a demora das esperas. Logo, compreendo que o leitor deve estar ansioso para começar a ler os relatos pessoais do derrame. Acredito, salvo engano, que serão muito úteis, pois trazem informações preciosas desde o diagnóstico dos médicos, dos quais mantenho o anonimato por questões éticas, passando pela medicação e exames, com os respectivos resultados. São registros dedicados àqueles que, assim como eu, passaram ou estão passando, como diz aquela canção, "noites traiçoeiras", porém, na certeza de que, depois de uma noite difícil, sempre nasce outro dia e, diante dela, podemos compreender que o amanhecer vai chegar.

A vida não é um mar de rosas. Todos nós atravessamos situações que nos afastam da felicidade temporariamente, mas para quem acredita, o amanhecer vem para trazer o sol, que ilumina a vida. E quando tudo parece sem solução, a claridade de um novo dia ilumina nossa mente, desfazendo preocupações e garantindo esperanças novamente. Acredito que jamais saberemos o que há atrás da montanha se não a atravessarmos. Portanto é preciso passar pelos momentos delicados, pois eles nos fazem mais fortes e nos deixam mais experientes. Sei o que é, senti na própria pele o quanto sou impotente diante do amanhã. Ninguém me contou isso, eu vivi. Mas escolhi superar. E o meu corpo e a minha cabeça foram juntos nesse mesmo objetivo. Tive que lutar para enfrentar uma doença que nunca imaginei ter nem nos meus piores pesadelos. Não é fácil, mas é a gente quem escolhe quais os pensamentos que vão tomar conta da gente. E os pensamentos fazem verdadeiros milagres.

Busquei enfatizar e afirmar minha superação. Compartilho a jornada cronológica da minha recuperação intercalando na escrita o tempo passado e o tempo presente. Com uma escrita bastante simples e fluída, com capítulos pequenos, permitindo que seja uma leitura muito rápida, falando diretamente com o leitor. Espero poder compartilhar essas informações com quem dela puder se beneficiar e que apreciem a jornada. De forma explícita e implícita tentei, através da minha experiência pessoal, estimular cada um a buscar em Deus e nos remédios sua superação, baseando-se no princípio de acreditar que tudo pode ser diferente e melhor, que Ele está sempre pronto a nos dar uma nova oportunidade e que nada é impossível. Devemos ser persistentes e precisamos fazer a nossa parte.

Você pode estar se perguntando como ainda me lembro de tudo que aconteceu. Quero apontar que, embora tenha estado mentalmente incapacitado, não perdi a consciência, e que a memória e o raciocínio de tudo que passei estão muito presentes aqui, no meu dia a dia; porém, quando outros contam a história, entendo que naquele dia estive muito mal e que recebi uma lição. Escrevo esse breve relato pessoal simples, com o propósito de ajudar leitor a entender como o trauma neurológico me ensinou que é preciso estar atento às mensagens enviadas pelo nosso cérebro. Alegro-me ao imaginar que este relato poderá despertá-lo para coisas maiores. Se não o despertar, meu coração está sereno por ter tentado.

Pergunto: você é capaz de interpretar corretamente os sinais que teu corpo te envia a cada momento? Você escuta o teu corpo? A escuta atenta do nosso corpo pode nos livrar de muitos dissabores, portanto, se me permitem, fica aqui o alerta para todos de que, quando algo em nosso interior não vai bem, quando os sinais indicam que uma pane está por vir, o melhor a fazer é cuidar do nosso bem maior, dirigindo-nos a um hospital e não adiando algo tão vital como a saúde. A qualquer sinal, procure recursos, não tente tomar medicamentos sem acompanhamento profissional. Reconheça até onde vai o limite da sua saúde e reconheça também que a dor é o instrumento que as células usam para comunicar ao cérebro que há problemas em alguma parte do corpo. É um sintoma útil e serve de aviso para os perigos que ameaçam nosso corpo. Ela é a maneira pela qual a natureza nos diz que estamos sendo pressionados, que alguma parte do nosso corpo ou não está funcionando como deveria ou que se está exigindo mais do que se pode dar. Sentimos como um sinal de que algo está errado nessa máquina maravilhosamente complicada que é nosso corpo. Podemos até não entender por que sofremos ou não somos capazes de controlar as forças que causam nosso sofrimento, mas muito podemos dizer sobre o que o sofrimento faz por nós e que tipo de pessoas nos tornamos por causa dele.

Portanto digo a você, que agora está tendo a oportunidade de ler esta experiência que compartilho: fique atento ao seu corpo. Eu aprendi que ele tem uma maneira particular de dizer as coisas. Cabe-nos, portanto, prestar atenção aos sinais que ele envia, afinal, toda doença é um grito do corpo para que o escutemos mais. Se você conhece alguém que sofreu algum outro tipo de trauma cerebral, acredito eu que os relatos podem ser um recurso valioso. Humildemente, pretendo auxiliar famílias e pacientes que, assim como eu, um dia receberam o diagnóstico dessa triste doença. Ficarei muito feliz se, ao compartilhar minhas experiências, aflições, temores, surpresas de familiares e profissionais da medicina, possa contar um pouquinho que seja da minha luta constante.

Acho que aqui entra aquele velho lema: fazer o bem não importa a quem. Não sei qual é a sua situação, talvez você esteja temeroso, angustiado, depressivo. Pode ser que viva com ressentimentos, mágoas, por causa dos problemas que lhe aconteceram, mas de uma coisa tenho certeza: confio que esses registros passarão das suas mãos para as de alguém que deles possa se beneficiar e, o mais importante: obter algum conhecimento sobre o que podemos fazer para ajudar os sobreviventes a recuperar funções perdidas. Sou grato por sua disponibilidade ao ler e se juntar a mim nessa jornada. Espero, sinceramente, que qualquer que tenham sido as circunstâncias que o levaram a ler esta obra, você siga em frente, levando, agora, algum conhecimento sobre seu cérebro ou o cérebro de outro indivíduo.

Em algum momento disso tudo, eu me perguntei: "Me expor dessa forma não vai me causar constrangimentos?" Eu acho que não. Não acredito que estou expondo minha vida, mas, sim, minha luta. Orgulho-me – e muito – das minhas pequenas-grandes batalhas vencidas e tenho a ousadia de escrevê-las não para me prender ao passado, mas para me projetar com firmeza ao futuro. Quero ajudar quem já se deparou ou tem algum familiar se deparando com isso. Não é fácil, mas também não é impossível. Acredito que uma semente de esperança que eu coloque aqui já ajudará muita gente! Infelizmente, eu me deparo com casos muito piores que o meu e, despido de preconceitos, vejo como as pessoas encaram seus problemas, desde aquelas que reclamam do trabalho até as que reclamam de uma dorzinha aqui ou ali, esquecendo que existem pessoas que passam por dores não somente físicas, mas, principalmente, dores na alma, e estas, eu garanto, doem muito mais, e, para elas não existem remédios, somente Deus e o tempo podem curá-las e restaurar tudo o que foi perdido. Espero que arranquem forças antes inimagináveis para seguirem bem seus caminhos. Isso me coloca no lugar: como é simples (ainda que seja complicado) tudo que eu estou passando.

Penso que todos possuem um fato triste para contar. Meu fato é muito triste? Depende. Conheço gente que tenta o suicídio por muito menos, gente que se droga por não querer encarar os problemas, gente que perde a iniciativa e vive inerte. Não posso e não devo ver tudo a partir do meu próprio umbigo. Olho a minha volta e percebo quantas cruzes, quantas dores, quantos calvários mais pesados que o meu! Sei que cada AVC é um AVC, que cada lesão cerebral adquirida é única e que a localização e o grau da lesão podem variar de acordo com cada incidente, mas temos que ter foco, sempre. Eu ainda tenho que corrigir algumas coisas e sigo tentando, longe de pensar que minha recuperação se deu por completa. Ainda tenho muito a trilhar. O que eu acho importante salientar aqui é que devemos manter o foco em nossa melhora. Sem esse objetivo claro em nossa mente ficaremos sempre um passo atrás de desafiar-nos a tentar e, consequentemente, de conseguir o que tanto queremos. Precisamos tentar sempre, ter em mente que o nosso objetivo primeiro é ficar melhor do que ontem, muito melhor do que no ano passado, e assim por diante. Repito uma frase que li certa vez: "Não há como descrever o pôr do sol para um cego, pois nunca teremos palavras suficientes. Nem o melhor escritor ou poeta conseguirá essa proeza".

PREFÁCIO

Meu primeiro contato com Rogério foi em 2017, em meu consultório médico, alguns meses após seu AVC. Apresentava-se diante de mim um homem com muitas restrições, mas bastante esperançoso sobre sua recuperação e, acima de tudo, realmente disposto a enfrentar seu tratamento.

Este é um livro que conta um pouco dessa trajetória, em que, por meio da fé, do apoio familiar e de um grande esforço para o entendimento de sua situação, Rogério vem superando os desafios impostos por essa nova condição.

O livro aborda com sensibilidade temas complexos como a paciência diante dessas limitações e a noção de finitude, de mortalidade. Em seus relatos das dificuldades que ele confrontava diariamente e do que o motivava a seguir, o leitor pode sentir um pouco o que é vivenciar uma doença incapacitante.

As citações poéticas de Mário Quintana, Cora Coralina e Fernando Pessoa, acrescentam uma leveza e um tom de positividade à leitura, o que é também uma característica do próprio autor e o que acredito ter contribuído grandemente para sua recuperação.

Esta obra traz ainda esclarecimentos sobre a doença, seu tratamento e a importância das terapias multidisciplinares para o restabelecimento da saúde. Rogério expõe as referências das terapias que realizou, contando um pouco de suas interações com os profissionais que o ajudaram.

Com sua resiliência e humildade diante de tamanha adversidade, Rogério vem superando cada meta que se coloca. É um homem de imensa fé em Deus e em suas providências.

A maior prova dessa superação está no feito de escrever um livro tão repleto de emoções e evidências científicas, que mostra não somente uma evolução de seu quadro neurológico e cognitivo, mas também de amadurecimento emocional e espiritual.

Hoje, quando Rogério vai ao meu consultório, caminhando sem apoio, falando quase perfeitamente e me contando seus planos profissionais, consigo vislumbrar esse processo pelo qual passou e ainda passa, como uma vitória.

Dr.ª Fernanda Raquel Freitas Tavares
Cardiologista

SUMÁRIO

PRELIMINARES 25

CAPÍTULO 1
SENSAÇÃO ESTRANHA 31

CAPÍTULO 2
HOSPITAL 35

CAPÍTULO 3
FLASHES DE MOMENTOS DOS QUAIS ME LEMBRO NA UTI DO HOSPITAL 41

CAPÍTULO 4
VISITAS NO HOSPITAL E ALTA MÉDICA 45

CAPÍTULO 5
VOLTA AO HOSPITAL PARA FECHAMENTO DE FOP – FORAME OVAL PATENTE 49

CAPÍTULO 6
PESQUISAS E LEITURAS QUE REALIZEI SOBRE O AVC 55

CAPÍTULO 7
HOME CARE – ATENDIMENTO DOMICILIAR 67

CAPÍTULO 8
A RECUPERAÇÃO COM SESSÕES DE FISIOTERAPIA 71

CAPÍTULO 9
A RECUPERAÇÃO COM SESSÕES DE FONOAUDIOLOGIA: DIFICULDADES AO FALAR E AO ESCREVER 79

CAPÍTULO 10
A RECUPERAÇÃO COM SESSÕES DE ACUPUNTURA 85

CAPÍTULO 11
TRATAMENTO CLÍNICO: CIÊNCIAS DIVINAS E HUMANAS 87

CAPÍTULO 12
O APOIO DA FAMÍLIA E DOS AMIGOS 91

CAPÍTULO 13
O COTIDIANO 95

CAPÍTULO 14
ENFRENTAMENTOS 101

CAPÍTULO 15
SUPERAÇÃO 105

CAPÍTULO 16
MOMENTO... DESABAFO 109

CAPÍTULO 17
FÉ 113

ORAÇÃO 117

REFERÊNCIAS 123

PRELIMINARES

> *A verdadeira coragem é ir atrás de seus sonhos mesmo quando todos dizem que ele é impossível.*
>
> (Cora Coralina)

Fatos acontecem por todos os cantos do mundo. Ficamos sabendo de tantas histórias, que nos emocionam, tocam nossos corações, mas que são apenas relatos distantes de nossa realidade. Jamais imaginamos que um dia aconteça em nosso lar uma transformação tão grande, uma mudança radical em nossas rotinas e a necessidade de repensarmos a vida. Digo isso porque foi inevitável o impacto na minha vida e na vida dos meus familiares eu ter sofrido um AVC. Posso dizer que senti esse trauma neurológico, num primeiro momento, de forma diferente, vivenciando o inesperado e desencadeando no meu interior como que "um vulcão de sensações". A vida é uma série de puxões para frente e para trás. Queremos fazer uma coisa, mas somos forçados a fazer outra. Prefiro pensar que se Deus me fez passar por tudo isso, dando-me, no início, uma vida normal, mas depois colocando limitações, deve ter tido motivos para isso. Deixou-me com limitações físicas, mas preservou minha mente saudável.

Pergunto: você já parou para pensar em como a vida é cheia de altos e baixos, frio na barriga, mãos suando, quedas, subidas, medos, esperança, lágrimas, sorrisos, angústias, encantamento? Parando para refletir sobre como ela é, penso que cada um de nós poderia chegar a várias conclusões; cada um teria uma conclusão e esta seria bem diferente de pessoa para pessoa. Ainda bem, pois tudo que é muito igual é chato demais, afinal, a diversidade faz parte da vida. O que eu quero dizer é que, para mim, a vida é como uma roda gigante: em minutos estamos lá no alto, ficamos segundos parados admirando o belo horizonte e, de repente, descemos, ou melhor, nossa vida fica de cabeça para baixo e parece que tudo está fora do lugar. Tudo bem, afinal, a vida é feita de altos e baixos, subidas e descidas, novos ciclos, novos ventos, dias e noites. Faz parte, esse é o significado de se estar vivo. Todos os vencedores já foram perdedores um dia e a conquista só chega depois da derrota. É para quem luta, persiste, enfrenta, tenta mais uma vez e outra e outra. Esperança é a palavra-chave.

Interessante, penso eu, que muitas rodas gigantes giram mais lentas, outras parecem maiores, talvez mais coloridas ou iluminadas, algumas um tanto enferrujadas. Mas somos, todos, rodas gigantes. Todos nós giramos e, nessa "roda da vida", todos completamos ciclos. Ela gira e gira, por vezes estamos em cima, ora embaixo; em alguns momentos no meio, na dúvida, inseguros quanto ao subir ou descer. OK, foi só uma queda, um tombo, pode-se dizer. Tenho que curtir a dor, aprender com ela e seguir em frente. Isso é rodar na roda. Confesso que, nessa roda gigante da vida, pensei imediatamente na possibilidade de ficar com um lado do corpo paralisado, sem fala, a perda de toda e qualquer capacidade futura de me tornar linguisticamente fluente, com o andar ceifante (aquele andar típico de quem sofreu um derrame, em que a perna faz um semicírculo para ir adiante) ou tantas outras sequelas, como a perda da capacidade de compreender o som que penetra os ouvidos. Posso afirmar que essas primeiras impressões dispararam uma série de pensamentos negativos em mim e que, num primeiro momento, impediram-me de ver a situação numa perspectiva ampla e serena.

Afinal, quem suportaria dias, meses de dependência, sem balançar, sem questionar-se do sentido da vida, sem frustrar-se? As limitações, a dependência, o novo, as mudanças, os sentimentos negativos, os questionamentos, os medos e os sonhos temporariamente interrompidos, enfim, a sensação de que tudo está de pernas para o ar e de que nunca mais a vida voltará ao normal. São tantas sensações que surgiram de uma hora para outra, invadindo meu eu sem pedir licença. Virei, da noite para o dia, uma pessoa dependente parcialmente da ajuda dos outros, tendo que adotar uma nova rotina. Com um piscar de olhos, minha vida estava de cabeça para baixo. Sentia-me como que sacudido por um impacto, não ficando isento das transformações que me envolviam. Aos poucos fui tomado por um forte sentimento, porém, uma força interior me fez acreditar que existia saída, que existia alguma chance.

Engraçado que quando temos problemas, somos obrigados a lutar para resolvê-los, muitas vezes retirando forças de onde não temos, o que nos obriga a ser fortes. Para mim, trilhar um caminho desconhecido, mas por onde outras pessoas já passaram e apontaram pistas de recuperação, mostrou uma direção mais ou menos certa. Acredito que, em nossa existência, passamos por momentos de incertezas e dúvidas, que fazem surgir em nossos corações perguntas existenciais. Como todos numa situação dessas, muitas vezes me peguei surpreso e perguntei, dirigindo-me diretamente a Deus: por que isso está acontecendo comigo? Como isso aconteceu? Como será minha vida daqui em diante? Entendo ter sido inevitável não entrar em choque ao deparar-me com essa dura verdade, ao defrontar-me com minha real condição física.

Passei, num primeiro momento, a buscar justificativas, respostas imediatas, que sabia não existir. Creio, até, que me zanguei com Deus. Tendo formação cristã, jamais havia de admitir nos meus pensamentos que Deus era o culpado daqueles meus problemas, mas confesso que cheguei a pensar isso, esquecendo que o grande culpado por tal situação era eu mesmo.

Então, passada a fase da negação, vieram a aceitação e a conformação. À medida que o tempo ia passando, fui tomando consciência de que, a partir de então, a minha vida iria mudar, o meu corpo mudaria, a minha cabeça mudaria. Os meus conceitos de vida mudariam. As coisas que eram muito importantes já não teriam o menor valor. Hoje sei que Deus me fez passar por tamanho sofrimento para que eu possa ajudar aos que sofrem desse trauma neurológico. Afinal, as provações servem para nos aperfeiçoar como seres humanos. A vida não é feita somente de momentos leves, há também os mais pesados, mais dolorosos. Ela é constituída por momentos bons e momentos ruins, momentos de tristeza, momentos de alegria, decepções e muitos altos e baixos. Ninguém escapa disso, porque essa é uma condição própria do ser humano. Isso faz parte da vida e seria muito sem graça se cada um não tivesse a sua cruz, para depois dela contemplar a sua vitória. Sem contar que tudo isso vem para provar mais ainda o quanto Deus nos faz corajosos e capazes de passarmos por um problema, logo, penso eu que, as provações servem para nos fortalecer.

Ao longo da nossa passagem terrena necessitamos sofrer mudanças, umas melhores, outras nem tanto. São diferentes ciclos e adaptar-se a cada um requer sabedoria; é preciso abençoar o velho e abraçar o novo para seguirmos com compreensão, aceitação e resignação, afinal, quantos não se encontram cercados por sofrimentos, angústias e derrotas? Uma nuvem escura impede de se observar o horizonte, porém se faz necessário entender que as dores fazem parte da vida e que as nuvens escuras podem cobrir nosso céu particular por um tempo, mas, quando menos esperamos, o sol volta a brilhar.

Durante o tempo em que passei na escuridão, fui assolado por pensamentos destrutivos, perdi peso e me isolei de todos. Foi nesses momentos que compreendi que Deus nos protege quando adia nossos sonhos, que nos diz sim mesmo quando nos nega o que pedimos e que nos livra de sofrimentos maiores. Ele nos dá força, coragem e paciência para enfrentarmos os golpes da vida. Ele é a fonte do nosso poder de suportar, nossa capacidade de superar e nossa determinação de continuar. Põe-nos à prova para que possamos descobrir quão fortes e fiéis nós somos. Há momentos em que somos chamados de maneira ainda mais intensa para nos tornarmos, nós mesmos, sinais eficazes do agir do Pai.

Cheguei à conclusão de que quando pensamos coisas negativas, muitas vezes, acabamos agindo de acordo com elas. Nem sempre é fácil e muitas vezes esmorecemos, pois quando uma crise se abate repentinamente sobre nós ou sobre aqueles que amamos, ela desperta em nós uma série de emoções, desde o sentimento de culpa por aquilo que fizemos ou deixamos de fazer, até a revolta contra Deus por ter permitido que tal tragédia acontecesse. É fácil, é humano, questionar a bondade Dele quando passamos por grandes dificuldades ou até mesmo por adversidades menores. Entretanto, nessas horas, é que precisamos ser firmes e crer que tudo tem a hora de Deus. Nas fases difíceis da nossa vida é que devemos realmente acreditar. Estou aprendendo que o sofrimento é um mistério que o homem não tem condições de entender totalmente com a sua inteligência e que passar por provações terrenas faz parte do plano celestial para nos fazer fortes.

Se me permitem, vou usar aqui o exemplo de uma situação bem simples e que exemplifica o que penso em transmitir: com certeza, você já usou óculos escuros, não é? Com eles, vemos tudo mais nebuloso. Quando os retiramos, vemos as coisas como são e olhamos para o horizonte com novas lentes, com os olhos coloridos pela esperança. Penso que o Senhor me convida a retirar os óculos escuros para enxergar as situações de minha vida com o olhar Dele. Agindo assim, tenho certeza, enxergarei e perceberei coisas que nunca imaginei. É por isso que muitas pessoas dizem que os olhos são o espelho da alma e a luz do coração, pois eles refletem muito bem o que estamos sentindo em nosso interior. A escolha é minha: posso agir como vítima, como fracassado, ou assumir uma atitude perseverante e vitoriosa. Minha escolha faz toda a diferença.

Aprendi que quando não nos entregamos diante das dificuldades, saímos mais fortalecidos. Charles Chaplin brilhantemente assim escreveu:

"A vida me ensinou...

A dizer adeus às pessoas que amo, sem tirá-las do meu coração.

Sorrir às pessoas que não gostam de mim,

Para mostrá-las que sou diferente do que elas pensam.

Fazer de conta que tudo está bem quando isso não é verdade,

Para que eu possa acreditar que tudo vai mudar.

Calar-me para ouvir e aprender com meus erros,
Afinal, eu posso ser sempre melhor.
A lutar contra as injustiças e sorrir quando o que eu mais desejo,
E gritar todas as dores para o mundo.
A ser forte quando os que amo estão com problemas,
Ser carinhoso com todos que precisam do meu carinho,
Ouvir a todos que só precisam desabafar.
Amar aos que me machucam ou querem fazer de mim
Depósito de suas frustações e desafetos.
Perdoar incondicionalmente, pois já precisei desse perdão.
Amar incondicionalmente, pois também preciso desse amor.
A alegrar a quem precisa,
A pedir perdão, a sonhar acordado,
A acordar para a realidade (sempre que fosse necessário),
A aproveitar cada instante de felicidade.
A chorar de saudade sem vergonha de demonstrar,
Ensinou-me a ter olhos para ver e ouvir estrelas,
Embora nem sempre consiga entendê-las,
A ver o encanto do pôr do sol.
A sentir a dor do adeus e do que se acaba,
Sempre lutando para preservar,
Tudo o que é importante para a felicidade do meu ser.
A abrir as janelas para o amor e não temer o futuro.
Ensinou-me e está me ensinando a aproveitar o presente,
Como um presente que da vida recebi,
E usá-lo como um diamante que eu mesmo tenho que lapidar,
Dando-lhe forma da maneira que eu escolher."[2]

---

[2] Disponível em: https://www.recantodasletras.com.br/mensagens/2937460. Acesso em: 19 jul. 2017.

CAPÍTULO 1

SENSAÇÃO ESTRANHA

> *Aceitar-me plenamente? É uma violentação de minha vida. Cada mudança, cada projeto novo causa espanto: meu coração está espantado. É por isso que toda minha palavra tem um coração onde circula sangue.*
>
> (Clarice Lispector).

Posso afirmar que tenho duas vidas, não consigo explicar de outra forma. À época da doença não me encontrava acima do peso, não fumava, pelo contrário, tinha uma alimentação saudável, não tinha pressão alta, estava com o colesterol em dia, ou seja, nunca pertenci ao grupo de risco de um paciente de AVC. Cabe ressaltar que eu nunca tinha sido hospitalizado. Eu era uma pessoa improvável de ser vítima de um derrame cerebral. No entanto era do tipo que não parava quieto, ligado em 220 W, como falavam, e não sabia dizer não para quem quer que fosse, não importando a hora e o dia. Minha vida era correr de um lado para o outro, dormir tarde e acordar cedo, enfrentando uma jornada de atividades e trabalhos intensos. Estava sempre fazendo alguma coisa – lecionando como professor da Rede Municipal de Curitiba em três períodos (manhã, tarde e noite), estudando na Universidade Federal do Paraná (UFPR), cursando Mestrado em Educação. Enfim, a consciência do valor do tempo escapava facilmente por causa das atividades, que me absorviam. Resumindo: trabalhava demais para manter um padrão que eu mesmo havia criado. Assim, vivia com qualidade de vida próxima de zero.

Até aqui já deu para notar muitas coisas que eu não deveria estar fazendo como: ansiedade, nervosismo, preocupação, não ter hora para o lazer e o descanso. Nessas circunstâncias, sem que me desse conta, estava reunindo, de forma progressiva, os ingredientes propícios para esse tipo de acidente vascular cerebral, com todas as suas terríveis consequências. Aprendi, pela dor, que devemos procurar algo que nos dê motivação e seja um mecanismo de válvula para liberar o estresse do dia a dia, pois ele vai nos consumindo e é preciso recuperar as baterias. Li, certa vez, não me lembro onde, que o monge Dalai Lama, perguntado sobre o que ele pensava da humanidade de hoje, disse o seguinte: "As pessoas são bem estranhas hoje, pois elas gastam toda a saúde para conseguir dinheiro e depois gastam todo o dinheiro para conseguir saúde".

Ao escrever sobre isso, vieram-me à mente aqueles provérbios ou ditos populares que revelam grandes verdades: "Mais vale a saúde que o dinheiro"; "Saúde não tem preço"; "A saúde é um bem precioso" e "Saúde cuidada, vida conservada". De fato, todos nós já convivemos com alguém querido que descobriu e nos mostrou o valor da saúde depois de tê-la perdido. Dito isso, tive que alterar meus planos de forma radical: nada de terminar minha pós-graduação; para mim, isso foi um baque, mas fazer o quê, né? Morava e moro sozinho no meu apartamento (quer dizer, sozinho não, com Deus). Estava prosperando nos campos profissional e pessoal. Mas, numa descida vertiginosa, meu futuro promissor, temporariamente, evaporou. Lembro-me daquele primeiro dia com incrível melancolia. Acordei na manhã do dia 17 de dezembro de 2016 sem a consciência de que ia começar a história da minha nova vida. Interessante como a gente nunca sabe o que pode acontecer num dia comum.

Era uma manhã de sábado igual a todas as outras. Eu me encontrava em casa e acordei com sono, com vontade de dormir, e de repente comecei a sentir uma sensação estranha e uma dor de cabeça pulsante. Uma dor de cabeça é, na maioria das vezes, uma condição de saúde benigna, ou seja, embora dolorosa e por vezes muito debilitante, não tem em sua origem qualquer tipo de lesão tumoral ou vascular. No entanto, em alguns casos, pode ser o primeiro sinal de um problema mais grave como, por exemplo, um AVC. Muitas vezes, ela é o grito que não pode ser dado de outra maneira.

Otimista, não fiquei tão preocupado. Pensei: "Ok, vou começar meu dia normalmente". Acreditei que me recuperaria completamente dos eventos daquela manhã, esperava que fosse algum problema mais simples. Mas não! Não era simples! Era tudo muito estranho, pois só piorava. Pensei ser cansaço e tensão e decidi tomar um banho para ver se passava. Preocupado com minha condição, cambaleei pela sala a caminho do banheiro. Até o chuveiro, sentia que cada passo que eu dava estava "meio que duro", movia-me em modo lento de operação. Nesse estado alterado, tomei um banho com dificuldades, deixando a água escorrer. Perdi o equilíbrio e me apoiei na parede, sentindo a mente inebriada, meu corpo instável e pesado. Eu me perguntava: "O que há de errado comigo? O que está acontecendo?" Não entendia como meus sentidos pareciam estar se embaralhando e minha atenção completamente prejudicada.

Saí do chuveiro e me vesti de forma mecânica. Deitei no sofá e parecia que o mundo estava girando. Passei a ficar com o corpo meio mole, uma sensação horrível, e um formigamento desceu pelo lado direito do meu corpo. Em menos de um minuto já não sentia o lado direito do corpo, meu braço não me obedecia, minha perna não respondia. Não conseguia mais falar, as palavras não saíam, a fala era enrolada. Tentei me levantar e não consegui, pois não tinha forças. Tentava controlar meus movimentos, mas os músculos não paravam de tremer e, de repente, vomitei. Isso é nojento, mas importante: foi um vômito em jato, para frente, reto. Na hora, achei que tinha comido algo estragado, mas hoje sei que esse tipo de vômito caracteriza origem neurológica.

Naquele momento eu me silenciei e desmaiei, ficando desacordado por horas. Quando acordei, pensei: "Tenho que conseguir ajuda". Quanto mais eu tentava me concentrar e me manter focado no que estava fazendo, no aqui e agora, mais intensa era a dor na cabeça. Era necessário um grande esforço só para me manter atento. Em um instante, um número de telefone passou como num lampejo brilhante por minha mente: era o número dos meus pais. E foi nele que me fixei, não sei por quanto tempo, e foi a partir dele que comecei a esforçar-me para perceber a minha situação e prosseguir, como que guiado pela intuição, se é que a intuição aqui faz sentido. Incrível que eu conseguisse lembrar!

Consegui rastejar até um cômodo do meu apartamento que uso como sala de estudos, onde havia deixado o aparelho do telefone e demorei alguns minutos para conseguir teclar o número. Quase não conseguia falar. Estava "meio grogue", não conseguia articular as palavras, pois minha fala estava muito lenta e mole. Consegui, finalmente, pedir socorro. Bem, pelo menos foi isso que tentei falar. O que saiu da minha boca soou mais parecido com grunhidos e gemidos, mas, felizmente, meu irmão reconheceu minha voz e percebeu que eu precisava de ajuda.

Ficou claro para ele que eu estava com problemas. Sentia-me vulnerável e completamente fragmentado, com confusão mental, esquecimento e alteração motora. Ainda bem que meus pais moram a algumas ruas de onde resido e não demorou muito e eles estavam em meu apartamento. Alguns vizinhos ouviram a confusão e vieram ajudar. Pegaram-me pelos braços, colocaram-me num carro e seguimos "voando" em direção ao hospital. Posso dizer que foram mais que vizinhos, são queridos amigos de quem até hoje recebo muito apoio.

CAPÍTULO 2

HOSPITAL

Não sou doente, apenas estou doente e estou melhorando.

Acho importante pensar que não sou doente, apenas estou doente, porque o AVC não é uma doença, é um acidente, portanto, sou alguém que está passando por limitações temporárias. Não sou vítima da minha própria história e nem quero que as pessoas pensem que sou um pobre coitado. Ser chamado de coitado é elogio para você? Com humildade, digo que sou uma pessoa como qualquer outra e que apenas teve uma limitação que a maioria das pessoas não tem, especificamente. Isso não significa que sou a única pessoa do universo a ter limitações. Sou uma pessoa viva, de caráter espontâneo e com a certeza de que tenho muito a oferecer. Penso que é necessário a pessoa sentir que não é uma coitadinha que merece dos outros toda a sua compaixão. Isso é o pior que lhe pode acontecer. Dito isso, voltemos...

Fui levado imediatamente para o hospital. No trajeto, tentava falar, queria me mexer, levantar para descer sozinho do carro. Lembro-me de que ainda conseguia pedir ao meu irmão para não dirigir tão depressa, ter calma. Confesso que não tinha a mínima ideia do que estava por vir. Alguns minutos depois, estávamos na emergência e, apesar de estar daquela maneira, ouvia tudo. Cheguei consciente, mas sem saber e entender o que estava acontecendo comigo. Que "muvuca", meu Deus! Quantas macas indo e vindo. Fui colocado num boxe da emergência, onde se fazia a triagem dos pacientes, medicado e monitorado por inúmeros aparelhos para administração do soro. Meu irmão preencheu e assinou todos os formulários e insistia para que eu recebesse atendimento imediato. Meus familiares permaneceram na sala de espera, aguardando horas e horas pelas primeiras notícias.

Após um longo tempo, receberam, finalmente, a notícia de que os médicos suspeitavam de um Acidente Vascular Cerebral, mas que eu reagia bem, e pediram para aguardar até novas respostas. Colocaram-me, então, em uma dessas macas e me levaram direto para a UTI, às voltas com uma equipe de médicos e enfermeiros que tentavam ver o que eu havia sofrido e onde tudo iria dar. Lembro-me de que se moviam em torno de minha maca e ficavam discutindo o diagnóstico e eu, ficando cada vez mais atordoado, até ficar bem sedado e desacordar novamente, possivelmente pelo efeito dos medicamentos que me deram. Adormeci e só acordei muitas horas depois, quando comecei a ouvir sons, que não identificava, pois os sons dentro de uma enfermaria são sempre os mais confusos e variados. Meus familiares, contaram depois, que ficaram atônitos, espantados, pasmos, admirados. A única coisa que podiam fazer era ir e vir no horário das visitas e encher as enfermeiras (coitadas) e a equipe médica de perguntas. Minhas irmãs estavam o tempo todo junto aos médicos para saber as notícias.

Engraçado como nós, seres humanos, queremos sempre uma resposta para tudo. Fui conduzido para uma sala e submetido a um exame neurológico naquelas primeiras horas. Após ter feito uma Tomografia Computadorizada (TC), imagens de cintilografia e ressonância, o neurologista, com o resultado da tomografia em mãos, chamou meus familiares e deu o diagnóstico: "O Rogério teve uma hemorragia cerebral gravíssima! O quadro dele é muito grave e ele foi para a UTI agora". Tudo rodou de repente, o mundo parecia ter só duas cores: preto e cinza. Meus pais caíram em prantos. Ouvir aquilo tirou o chão sob seus pés. Não podiam acreditar no que estavam ouvindo! Mas era a realidade, nua, crua e doída, a doença foi muito inesperada.

Sabe, você ouve falar disso acontecendo com outras pessoas, mas, de repente, essa pessoa era eu, e eu fui obrigado a reestruturar a minha identidade. Posso afirmar que o derrame cerebral instigou-me a reavaliar minhas prioridades. Fui, então, diagnosticado com um laudo médico de AVC – Acidente Vascular Cerebral – classificado pela medicina como Acidente Vascular Cerebral Isquêmico (AVCI), nome científico complicado, mas de fácil entendimento na prática, causado pela falta de circulação de sangue em determinada área do cérebro, decorrente da obstrução de uma artéria.

Fonte: Ministério da Saúde

    Os exames demonstraram ter atingido a parte direita do cerebelo, vindo a causar sequelas no lado esquerdo do corpo, lado responsável pela lógica do raciocínio e pelas atividades sequenciais, dificultando meu equilíbrio físico e minha oralidade, incluindo a hemiplegia, nome científico que significa, de acordo com minhas pesquisas e leituras, "a paralisia de um lado do corpo, que consiste em um tipo de paralisia cerebral. O paciente acometido fica com um lado do corpo paralisado" (Dicionário Aurélio da Língua Portuguesa), sendo que a maioria, após sofrer um trauma neurológico, fica com sequelas em seus movimentos. Os médicos tiveram que tomar decisões muito sérias, como me operar ou não. Se operasse, eu tinha o risco de morte, mas se não, eu poderia ficar com sequelas significativas.

    Sofrer um derrame e ver a morte tão perto de mim deu-me uma perspectiva de finitude da vida. Finitude que todos temos, mas sobre a qual nem sempre somos conscientes. Falo isso e afirmo que, assim como se tivesse acontecido algum erro, como se algo estivesse fora do lugar, tive que encarar: estava mesmo com aquele diagnóstico; porém, não deixei que definisse, nem determinasse, a minha vida. Era uma doença, no entanto, eu era (e sou) mais do que isso. Como tudo na nossa vida, duas (ou mais) perspectivas e formas de encarar tudo estão sempre presentes. Depende de nós qual escolhemos e que pessoa queremos ser: aquela que em cada novo dia enxerga infinitas possibilidades para ser feliz ou aquela que em tudo vê motivos para reclamar e ser infeliz.

Foi, então, que acordei após algumas horas, cercado de muitos aparelhos e um forte barulho dos bipes dos monitores, mas não tinha consciência de onde estava. Só me lembro de o médico falar que havia sido operado e transferido para o quarto, onde permaneci internado alguns "intermináveis" dias. Nesse intervalo, os segundos pareciam virar horas e as horas pareciam dias, e eu já não sabia mais qual era o dia da semana. Durante esse tempo recebi a visita da fonoaudióloga, que queria avaliar as sequelas da fala, face e deglutição. Diga-se de passagem, eu falava com muita dificuldade e as palavras desarticuladas. As visitas externas eram controladas, os horários reduzidos e poucas pessoas podiam entrar a cada vez. Posso dizer que a presença da minha família, em todas as visitas oferecidas, foi fundamental, pois com um simples olhar eles conseguiam dizer para mim muito mais do que mil palavras sem sentido.

O que posso é afirmar que tive o privilégio de ser atendido por uma equipe médica maravilhosa, à qual expresso minha profunda gratidão por estabilizarem o meu corpo. Foi uma equipe iluminada e guiada por Deus. O neurocirurgião responsável pela minha cirurgia explicou que eu havia sofrido uma importante hemorragia cerebral no hemisfério direito, que danificara os neurônios responsáveis pelos movimentos e, então, outros neurônios teriam que reaprender as funções daqueles que estavam lesados. Ele garantiu que os médicos haviam estabilizado o quadro clínico, que eu recebia o melhor atendimento possível e que meu trauma neurológico havia sido causado por dois fatores: predisposição genética mais estilo de vida. Explicou, também, que o fato de eu ter uma propensão genética não significava necessariamente que eu teria o problema, mas que eu precisava mudar minha forma de viver. No meu caso, eu tinha uma má formação venosa, que só fui descobrir no hospital.

Já o estilo de vida, conhecia bem: eu era uma pessoa extremamente estressada, auto exigente, perfeccionista e rígida. É importante ressaltar que eu não percebia o meu nível de estresse. Concluí isso depois, por não considerar normal meu ritmo de trabalho, afinal, somos resultado de fatores biogenéticos, hereditários e ambientais, e, este último, contribuiu para desencadear a doença. Acredito que internalizar essa fase seja isso: somos responsáveis, pelo menos, por uma boa parcela do que acontece conosco.

Fui comunicado por um médico neurologista e uma psicóloga, que foram conversar comigo, que eu tinha sofrido um AVC isquêmico e que, como a lesão cerebral havia acometido o lado direito do cérebro, eu, provavelmente, iria ficar parcialmente com limitações e possíveis sequelas nos movimentos do lado esquerdo do corpo. Fiquei preocupado, mas entendi que, naquele momento, os médicos tinham que ser realistas e falarem o que poderia acontecer; eles não podiam ser pessimistas ou me encher de esperanças e, de repente, acontecer o contrário.

Escrevo isso para alertar que o diagnóstico precoce, após os exames, ajuda a detectar a fase em que a doença se encontra e o tratamento pode evitar a piora e a evolução do estado de saúde. Ao menos para mim, o desconhecimento, a negação e a resistência foram alguns dos fatores que atrapalharam a busca dos recursos médicos e tratamentos adequados. Perceber os problemas de saúde e aceitar isso não como algo definitivo e irreparável, mas como um fato do momento, que precisa ser tratado, colocou-me em uma posição vantajosa e com muito mais chances de ajudar a mim mesmo e, quem sabe, a outras pessoas. Lembro de que os médicos disseram que, por eu ter pouca idade para ter um derrame, queriam a minha autorização para análise na comunidade científica médica, devido à anormalidade de como ocorrera o incidente.

Engraçado... A gente tem a imagem de que as coisas só acontecem para os outros e de que nunca vai acontecer conosco. Isso cria a ilusão de que podemos funcionar sempre, sem descanso. O resultado é trágico e não estamos preparados, sendo pegos de surpresa, e minha dica para todos é: se você sentir uma dor, corra para o hospital. O AVC, assim como outras enfermidades, não escolhe idade, sexo, raça e posição social, sendo difícil encontrar uma família em que não haja ou não ouve um caso. Então é preciso que algumas atitudes sejam tomadas para aliviar esse mal.

Achei importante explicar, uma vez que, ao saber disso, foi e está sendo muito útil no meu processo de recuperação. Entendo que não basta ter consciência do problema, é preciso conhecer o diagnóstico e encontrar a solução. Afinal, ninguém vai ao médico para ele dizer que estamos com problema de saúde; isso nós já sabemos. O que nós esperamos é que ele descubra exatamente o que nos aflige e prescreva o remédio adequado para alcançarmos a cura.

Eu gostaria muito de ter lido um livro como este antes do meu derrame. Se tivesse lido, talvez eu não precisasse escrever este, talvez eu não tivesse tido o AVC. Por isso, convido você, que está lendo, a parar um instante esta leitura e pensar: você sabe o que vai acontecer no próximo minuto? Se pensar com um pouquinho de sensatez dirá: não! Mas a questão é que, penso eu, muitas vezes não nos damos conta disso e temos a ilusão de que nossa vida é como "uma agenda", que vamos marcando os compromissos e eles simplesmente acontecerão.

CAPÍTULO 3

FLASHES DE MOMENTOS DOS QUAIS ME LEMBRO NA UTI DO HOSPITAL

> *Nosso objetivo é oferecer ao paciente, bem como à sua família e amigos, apoio para transpor o momento, muitas vezes doloroso e angustiante, que é estar na UTI.*
>
> (Mural do Hospital).

A semana em que fiquei no UTI do hospital fazia de cada dia um dia de apreensão, seguido de outro. O medo do desconhecido aumentava cada vez mais e ali, na cama, eu não sabia o que seria de mim daquele momento em diante. Não podia pensar em nada de prazo, só pensava em ficar bom. Chorei muitas vezes. Chorei horas e horas seguidas, protegendo-me do olhar dos outros com o lençol, porém, isso é humano. E em muitas dessas horas, tive a noite como única testemunha. A noite é uma companhia terrível quando se vive uma situação como aquela que eu estava vivendo. Apesar de atribuírem a nós, homens, força bastante para não chorarmos, eu perdi essa força ao dar-me conta do estado em que estava.

Foi, então, que, chorando, cerrei os punhos e rezei, pedindo paz ao meu coração e a minha mente. No silêncio, minha mente implorava: aguente firme, fique quieto, fique calmo. Lembro-me de que, na sala de cirurgia, quando fiquei cheio de medo, Nossa Senhora me amparou. Só mesmo ela podia fazer isso. Sua presença trouxe – e continua trazendo –, certeza; seu cuidado, proteção; e seu afeto, uma segurança dentro de mim de que tudo iria terminar bem. E por que suas palavras trazem tanto poder para dentro de mim? Porque ela é minha fortaleza, minha fé e meu equilíbrio. Ela sabe controlar a situação e me acalma com sua serenidade no olhar. Às vezes, não acreditamos no que vemos e precisamos acreditar no que sentimos. Desculpe lhe dizer, mas, sem ela, eu não conseguiria superar a onda; precisei segurar na mão dela e confiar. E mais do que confiar, enfrentar e crer que Deus estava me dando a oportunidade de amadurecer em meio a esse sofrimento.

Receber a notícia de que eu tive um trauma neurológico cerebral foi muito doloroso, especialmente porque eu não sabia nada sobre o assunto.

Mudou tanta coisa! Tive que me reinventar. Posso afirmar que me senti, num primeiro momento, deprimido, incapaz e derrotado. Essa é a situação ideal para que a doença nos domine e nos ponha a sós com nossos problemas. Creio que ficar deprimido e angustiado pelo que já passou, bem como criar ansiedade desnecessária pelo que virá e se estressar por não poder acelerar ou retardar o tempo das coisas, não irá me ajudar em nada na recuperação, afinal, o tempo segue seu curso independentemente da nossa vontade. Sei que é difícil passar essa sensação para quem está vivendo na própria pele ou na pele de algum conhecido, familiar ou amigo. Como tudo na nossa vida, o tempo sabe o que faz. Não adianta lutar contra ele. É melhor tê-lo como um aliado. Sinto que terei evoluções no momento certo e não de uma hora para outra, pois cada dia é um dia e cada evolução vem no momento certo, silenciosamente ou não.

Reconhecer que sou uma pessoa que tem limitações físicas, aceitá-las, saber conviver com elas, adaptar-me a elas e passar a ter uma nova perspectiva de vida contribui para o processo de superação, sendo um início para eu não me abater pelos acontecimentos da vida. Aprendi que a aceitação é a base para uma vivência satisfatória ou frustrada, para uma vida harmoniosa ou cheia de desarmonia, e que o processo de cura começa de dentro, na nossa cabeça, no nosso coração; que encarar minhas derrotas como um aprendizado favorece meu autodesenvolvimento e possui um lado positivo, quando bem trabalhado, na medida em que apresenta limites e, ao mesmo tempo, reforça a disposição de dar mais de mim para atingir meus objetivos. Posso afirmar que traçá-los me ajudaram desde o início, quando ainda estava hospitalizado; aprendi, também, que as pessoas se recuperam de uma doença com maior rapidez quando têm algum objetivo a ser alcançado pela frente.

Com o passar dos meses fui desenvolvendo um método para controlar minhas aflições: vivia sempre correndo e não me permitia ficar sequer um só dia entregue ao lazer, ao "ócio". De fato, penso eu que, uma vida sem situações estressantes é praticamente impossível, mas aprendi que podemos prevenir seus efeitos negativos mantendo uma boa qualidade de vida, o que implica conciliar trabalho, lazer e atividades físicas. O próprio Jesus convidou os apóstolos para o lazer: "Vinde repousar um pouco, à parte, num lugar deserto" (Mc. 6,31). O que eu entendo dessa passagem é que ele incentivava o descanso em meio ao atendimento ao povo. Posso afirmar que a pressa e o estresse do dia a dia não me controlam mais. Isso sem contar as inúmeras vezes que deixo o celular no silencioso sem me aperceber. Aprendi que, muitas vezes, é preciso aprender a ter uma vida feliz, colhendo as rosas sem se deixar machucar pelos espinhos.

Penso que sempre há tempo para que eu mude o rumo da minha vida, deixando de seguir pelo caminho da correria e dos problemas do dia a dia, ingressando na trilha da virtuosidade, da calma, de se viver um dia de cada vez. A doença chega sem avisar e pode atingir qualquer pessoa, em qualquer idade. Sinto-me liberto de "pequenos detalhes" do dia a dia, tais como horários rígidos para tudo ou entrar na rotina frenética das obrigações sociais. Vejo o lado positivo das coisas e preocupo-me menos com o que as pessoas pensam; aprendi a enxergar melhor a máquina que move o mundo, as pessoas e, por isso, adquiri uma capacidade de compreensão maior, porém menos tolerante para palavras, fatos e atitudes, encarando os problemas de outra maneira. Na verdade, nem chamo mais de problemas e, sim, de desafios. Também aprendi a lidar com uma coisa por vez, a respeitar meu tempo e não me sobrecarregar.

A verdade é que todos querem urgência em sua recuperação, mas poucos têm serenidade para aguardar o momento das coisas. Depois desses momentos complicados entendi que não era o tempo que me acelerava, eu é que acelerava o tempo, e que nós vivemos dentro dele e passamos por ele muito rápido. Entendi, ainda, que é ilusão imaginar que ele passa; nós, sim, passamos, afinal, ele é perene, e nós, começamos e acabamos nele. Ano, mês, dia, hora, minuto, segundo, são apenas categorias nossas colocadas no tempo.

Aprendi também que Deus pode agir de diversas maneiras e pode operar de forma rápida ou, então, de maneira mais demorada, mas nunca nos abandona. Se estiver demorando um pouco é porque Ele aguarda o momento certo. Para ilustrar o que quero expressar vou me valer do poema "O tempo", de Mário Quintana:

A vida é o dever que nós trouxemos para fazer em casa.

Quando se vê, já são seis horas!

Quando se vê, já é sexta-feira!

Quando se vê, já é Natal...

Quando se vê, terminou o ano...

Quando se vê, perdemos o amor da nossa vida.

Quando se vê passaram 50 anos!

Agora é tarde demais para ser reprovado.

Se me fosse dado um dia, outra oportunidade, eu nem olhava o relógio.

Seguiria em frente e iria jogando pelo caminho a casca dourada e inútil das horas...

Seguraria o amor que está à minha frente e diria que eu a amo...

E tem mais: não deixe de fazer algo de que gosta devido à falta de tempo. Não deixe de ter pessoas ao seu lado por puro medo de ser feliz. A única falta que terá, será a desse tempo que, infelizmente, nunca mais voltará.

CAPÍTULO 4

VISITAS NO HOSPITAL E ALTA MÉDICA

> *Nada é mais significativo ao paciente do que receber a visita de seus familiares e amigos. Entendemos que a medicina de qualidade e os cuidados de uma equipe profissional preocupada com a saúde de seus pacientes ganham força com a presença, o cuidado e o carinho dos visitantes.*
>
> *(Mural do hospital).*

Em uma manhã fui transferido da UTI da neurologia para um quarto, na ala masculina. Vestia o costumeiro avental hospitalar e as visitas eram restritas para que eu tivesse condições de repousar e meu organismo encontrar os caminhos naturais para compensar as habilidades que ficaram comprometidas. Com o tratamento e as medicações, dormia a maior parte do dia, e no horário de visitas estava muito sonolento e confuso. Tudo que eu sabia é que havia mais dois companheiros de quarto comigo, uns já estavam e saíram enquanto eu fiquei, outros entraram depois da minha saída. Estava sem falar e sem reconhecer as pessoas, até mesmo aquelas mais chegadas.

Quando voltei ao meu estado de consciência eu ainda não me lembrava de algumas coisas, mas os médicos disseram que tudo voltaria ao normal. Lembro-me de que meus familiares estavam presentes em todos os dias e horários de visitas permitidos. O tempo era curto, pois se muitas pessoas circulassem por ali, o ambiente ficaria tumultuado e agitado. Como escreveu Fernando Pessoa: "O valor das coisas não está no tempo que elas duram, mas na intensidade com que acontecem". Lembro-me, também, de um dia, quando perguntei à enfermeira (dentro da minha ansiedade natural) quantos meses eu levaria (por alto) para me recuperar. Lembro-me de sua "saída" diplomática de não falar. Estava certíssima! Cada caso é um caso e cada corpo responde de forma diferente. Para mim, era preciso saber conviver com as regras do hospital, respeitar e acreditar em seus profissionais, nos procedimentos adotados, nas medicações ministradas e na verificação dos sinais vitais. Enfim... Ser gentil, agradecido e não "perturbar" o trabalho da enfermaria.

Posso afirmar que o tempo que se passa internado num hospital permite-nos assistir a várias situações, uma das quais acredito que vale a pena relatar aqui. Refiro-me à visita de pessoas que, julgo, tinham como propósito elevar a moral dos enfermos, e creio que derivavam do espírito cristão. O ritual era sempre o mesmo: iam junto aos doentes e faziam a pergunta: "Então, está melhorzinho?". Claro que cada um dava a resposta de acordo com a situação em que se encontrava. E essa cena repetia-se todas as vezes que essas pessoas faziam visita, deixando, na despedida, os votos de melhoras para todos.

A certa altura, no aspecto físico, eu fazia grandes progressos para a recuperação da minha estabilidade básica. Já podia me sentar, ficar em pé e até me movimentar um pouco pelo corredor do hospital. Com muita ajuda da minha irmã, tentei caminhar, mas o que consegui foi arrastar as pernas e, mesmo assim, agarrado às camas, cadeiras e tudo o que pudesse servir-me de amparo. Quanto à fala, minha voz era fraca, já que eu não tinha força para expelir o ar. O resultado era que eu falava num sussurro fraco e meu discurso era quebrado e difícil. Eu me esforçava para encontrar a palavra certa e com frequência confundia significados.

Quando, finalmente, após o acompanhamento médico entrar em uma fase mais tranquila, sem a tensão do início e minha condição progredir em algumas áreas, recebi alta. Não reclamo do atendimento do hospital, não é isso! Esse é o local ideal para tratamento quando somos acometidos por uma doença. Mas é também aquele que mais depressa desejamos abandonar quando por lá passamos durante algum tempo, mesmo não estando completamente curados. Foram dias e semanas de ansiedade, receios, dúvidas, noites em claro e orações, até que o tão sonhado dia de voltar para casa chegou. A felicidade de retornar me enchia de esperanças, fazendo-me acreditar que a situação estava bem melhor e que iria conseguir vencer o que antes parecia impossível. Numa das últimas visitas do médico, antes da alta, ele me falou das sessões de fisioterapia que teria de fazer para ajudar a minha recuperação, e na minha saída, o boletim relatava, de forma resumida, o seguinte quadro médico:

> *"Atesto, para os devidos fins, que o paciente, Sr. Rogério Soares Fragoso, apresentou episódio súbito de disfunção neurológica, já estando em tratamento e evoluindo com melhora progressiva, apresentando quadro clínico muito bom. Ele teve memória e fala afetadas, mas tem apresentado melhoras. Para prevenir um novo AVC foi aplicada a medicação indicada. Sinais desses novos acidentes levaram os médicos a pedir uma bateria de exames e imagens de raio-X para acompanhá-lo de perto. Os exames realizados não mostraram alterações significativas, apresentando quadro clínico muito bom e estável, em boa evolução clínica, já mostrando sinais de recuperação salutar. Estando em tratamento e evoluindo com melhora progressiva, o paciente está sendo liberado sob minha responsabilidade médica, estando em alta médica nesta data e hora".*

Mas antes de partir ainda houve tempo para refletir sobre a minha estadia naquele estabelecimento hospitalar e refletir, também, sobre um aspecto que, por vezes, escapa a nossa memória, que é o de avaliar a ação dos profissionais que temos a nossa volta e que nos permite ficar com a verdadeira noção de quanto reconhecimento merecem. E, então, com um misto de choro de alegria e alívio por deixar os ambientes hospitalares, fui para casa dos meus pais, pois estava muito debilitado e me recuperando de uma cirurgia. Poderia permanecer no hospital por mais alguns dias, mas nada me convenceria de que estar em casa era tudo o que eu queria. Estar, novamente, no convívio familiar, recarrega nossas energias vitais para seguirmos em frente, fortes, dedicados e prontos para avançarmos sem medo nas dificuldades diárias. No entanto, no retorno, a perspectiva do cuidado difere do hospital e deve ser considerado um momento privilegiado para produzir a continuidade do tratamento e do cuidado, pois é nesse momento que ocorre a transição da passagem do curar para o processo de cuidar.

Como dizem, "caiu à ficha". Não me lembrava de nada que havia acontecido, estava com déficit motor, o que me impossibilitava de me alimentar, escovar os dentes, simples atividades do dia a dia. Comecei a sentir que eu não era mais a pessoa que era antes, que tinha de enfrentar as dificuldades, assumir meus cuidados e conviver com minhas limitações, dentre elas: o reaprender a viver com a mobilidade reduzida e, depois, o constatar de como a vida iria ser diferente a partir de então; que perdera, ainda que fosse só parcialmente, minha autonomia. No primeiro momento não foi fácil para mim, uma pessoa independente, ver-me em uma situação em que eu dependia de outros, mas tinha que me adaptar, ou por bem ou por mal. Como era muito acelerado, sempre queria fazer alguma coisa, esquecendo-me de minhas reais condições.

Por diversas vezes saía da cama com a intenção de fazer algo. Nessa fase há uma grande confusão mental. Os pensamentos ficam desorganizados e não se consegue pensar de forma lógica. Demorei alguns meses para me reorganizar mentalmente. Passei a contabilizar as perdas e percebi que teria de recomeçar com várias limitações. Aceitar, enfrentar e conviver com isso foi um desafio angustiante, pois, até então, eu não conseguia fazer coisas simples, não conseguia mais falar direito, ouvia muito baixo, conseguia apenas ver o vulto das pessoas, não conseguia ter o paladar das coisas (acredito eu que deveria ser em função da potência e quantidade dos fortes medicamentos a que fui submetido), não conseguia escrever. Não conseguia nem ler, minha visão ficou escura e minha memória truncada. Não me lembrava, temporariamente, de fatos da minha vida e dos meus familiares e amigos. Não conseguia me lembrar de coisas, nomes e situações. Estava atordoado. Tudo era muito confuso. Permanecia o dia todo na cama, não conseguia andar, quanto menos ficar sentado ou em pé. Estava tão "mole" quanto uma "gelatina". O acidente tinha afetado algumas áreas do cérebro.

Passei por uma situação que me permitiu a incrível sensação do esvaziamento da memória, embora o efeito não tenha sido de longa duração. Fazendo uma analogia com o computador, meu processador central e meu HD haviam sofrido uma pane. Conhecimentos, palavras, lembranças, nomes conhecidos e tudo mais que estava armazenado continuava ali, entretanto, naqueles primeiros momentos, meu cérebro não fazia as conexões necessárias para recuperar nem dar sentido às informações.

CAPÍTULO 5

VOLTA AO HOSPITAL PARA FECHAMENTO DE FOP – FORAME OVAL PATENTE

Forame Oval Patente: fechar ou não, eis a questão.

Quando eu achava que tudo se direcionava para uma rápida recuperação, para minha surpresa, meses depois de fazer uma avaliação cuidadosa da minha condição clínica, realizada pela cardiologista que acompanha o meu caso e outros especialistas, e tendo uma bateria de exames solicitada, aliás, nunca antes imaginados por mim, foi diagnosticada a necessidade de uma nova cirurgia. Foram esses exames que identificaram o meu "defeito de fábrica", denominado pela medicina de FOP – Forame Oval Patente; para simplificar, um "buraco" no meio do coração. Fui, então, submetido a um eco cardiograma transesofágico, para ter um diagnóstico mais assertivo e delimitar os contornos dos vasos no meu cérebro.

A cardiologista precisava de uma imagem muito boa e exata, e o eco cardiograma era o melhor exame para isso. O resultado havia ficado pronto e, finalmente, era hora de decidir sobre a cirurgia, afinal, o medo de um novo AVC ainda pairava. A médica descreveu os problemas com os vasos sanguíneos do meu cérebro e sugeriu que eu fosse submetido a um Fechamento de FOP, explicando que, se não fosse fechado com cirurgia, havia grande chance de ocorrência de uma nova hemorragia e, na próxima vez, eu poderia não ter tanta sorte ou não receber ajuda a tempo. Tive que me submeter a uma cirurgia de cateterismo. Sabia que, qualquer que fosse o futuro, eu poderia enfrentá-lo, estaria bem e que um novo procedimento eliminaria de vez a probabilidade de um novo derrame.

Antes do procedimento foi realizada uma avaliação multiprofissional por cirurgiões, anestesistas e outros especialistas, que incluiu uma detalhada avaliação de todos os meus exames, no intuito de realizar um planejamento adequado não apenas do procedimento, mas de todos os cuidados necessários no pós-operatório, de modo a proporcionar-me uma reabilitação adequada e redução dos riscos. Graças a Deus o procedimento foi um sucesso e correu tudo dentro do esperado. Passei alguns dias na UTI e, depois, fui para o quarto sentindo que havia sido tocado pela assombrosa realidade: eu era sobrevivente de um AVC.

PESQUISAS E LEITURAS QUE REALIZEI SOBRE FOP – FORAME OVAL PATENTE

Segundo pesquisas e leituras que realizei, tendo como fonte o Ministério da Saúde, o FOP – Forame Oval Patente – é a persistência de uma comunicação entre os lados cardíacos. Durante a nossa vida antes do nascimento (dentro do útero), o sangue passa diretamente do lado direito para o lado esquerdo do coração sem atravessar os pulmões. É uma estrutura anatômica que 30% da população possui no septo que divide o átrio direito do átrio esquerdo. Essa abertura é necessária durante a fase gestacional. Após o nascimento, em 70% das pessoas, essa comunicação obstrui-se, fechando-se espontaneamente, mas em 30%, permanece aberta na vida adulta. Na grande maioria das vezes, essa persistência não causa problemas clínicos, porém, pequenos coágulos podem atravessar diretamente para o lado esquerdo do coração e causar fenômenos embólicos com significativa repercussão.

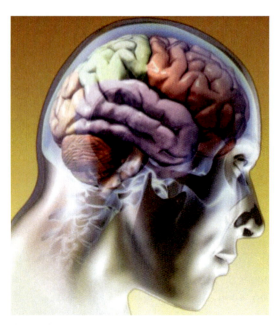

Fonte: Ministério da Saúde

Diversos estudos com pacientes que tiveram um AVC isquêmico (AVCi), como no meu caso, sem causa determinada, mostraram que, nessa situação, a incidência de FOP sobe dos 30% encontrados em pessoas normais para 40%. Algumas características do FOP, como o tamanho da comunicação, a quantidade de desvio de sangue existente no ciclo cardíaco entre os átrios e a presença ou não de um aneurisma são os principais fatores levados em consideração para estimar o risco maior ou menor de recorrência. O Acidente Vascular Cerebral (AVC) é um deles, sendo que a maioria das pessoas deve ter a presença do Forame Oval Patente (FOP) investigada.

Tratamento medicamentoso

Infelizmente, não existe tratamento com remédios. Sabe-se que alguns medicamentos podem diminuir um pouco os sintomas. A única solução definitiva é o fechamento do defeito.

Tratamento cirúrgico convencional

O tratamento convencional é um procedimento bem estabelecido e com resultados excelentes se bem indicado e executado. Ele é capaz de salvar a vida do paciente. A indicação da cirurgia depende de uma cuidadosa avaliação da condição clínica, dos problemas de saúde associados e da idade do paciente.

A cirurgia requer a abertura da cavidade torácica e a parada do coração com auxílio da máquina coração-pulmão (circulação extracorpórea). Na cirurgia é realizado o fechamento do defeito, que pode necessitar de implante de material protético. Apesar dos bons resultados do procedimento, existem alguns riscos, que variam de paciente a paciente.

Habitualmente, a cirurgia necessita de:

- Anestesia geral.
- Abertura do tórax.
- Duração de 1-2 horas.
- Internação ao redor de cinco dias.
- Recuperação ao redor de 20-30 dias.

Em alguns indivíduos, dependendo das condições clínicas, do tamanho e da localização do defeito cardíaco, é possível realizar o fechamento por técnicas de cateterismo cardíaco que são significativamente menos agressivas e de recuperação mais rápida. Nesse procedimento, um oclusor especialmente desenvolvido para esse fim é colocado no coração por técnicas de cateterismo cardíaco, através de uma pequena punção na região da virilha. Com auxílio de aparelhos de radiografia e ecocardiografia, a prótese é posicionada dentro do coração e fecha o defeito. Estudos demonstram que a técnica é capaz de reduzir o tempo de internação, abreviar e reduzir a possibilidade de transfusão sanguínea e o risco operatório. Habitualmente, como na minha cirurgia, a prótese é colocada dentro do coração através de uma punção na veia femoral (virilha), menor que 1 cm, sob anestesia local e sedação.

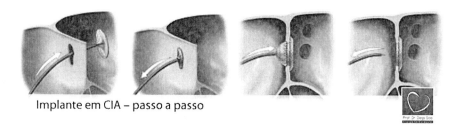

Implante em CIA – passo a passo

Fonte: Ministério da Saúde

O eco cardiograma transesofágico é um exame de fundamental importância, pois determina o tamanho de seu coração e do defeito, proporcionando a escolha do melhor tamanho de prótese adequada à anatomia do paciente.

Durante o procedimento

O procedimento é realizado em uma sala de cirurgia especializada, que reúne modernos equipamentos de monitorização e diagnóstico por imagem. Uma equipe de especialistas nesse tipo de procedimento executa o implante. Durante o procedimento, um pequeno cateter é introduzido pela veia femoral (virilha), por uma incisão de aproximadamente 1 cm, sendo guiado até o coração por equipamentos modernos de imagem. Uma prótese especial é comprimida dentro de um pequeno tubo, denominado cateter, e posicionado no coração. Em seguida, o médico especialista libera a prótese em sua posição correta. O procedimento é realizado com anestesia local ou geral, dependendo das condições do paciente. Em média, o procedimento dura entre uma e duas horas, e o paciente permanece internado por dois dias.

Após o procedimento

Após o implante, os pacientes são encaminhados para recuperação anestésica. Lá, os principais sinais vitais são monitorizados (batimentos cardíacos, oxigenação, pressão arterial). Normalmente, os pacientes permanecem sob observação por 24 horas após o procedimento. Os materiais usados para a oclusão têm uma longa história de segurança e têm sido largamente utilizados no coração. Não é esperada nenhuma reação de rejeição. Dentro de alguns dias, o próprio tecido do organismo começa a crescer sobre a prótese. Em três a seis meses a prótese estará completamente coberta e fará parte do coração do paciente. O paciente não será capaz de perceber que existe a prótese dentro de seu corpo. A prótese não é afetada por aparelhos de RX de aeroportos ou por dispositivos de uso doméstico (forno de micro-ondas, celulares etc.).

A equipe multiprofissional acompanha o paciente após a sua alta em diversas consultas periódicas, que incluem toda a orientação de retomada de suas atividades, como programas especialmente elaborados para reabilitação. Devo afirmar que fiquei sujeito a uma observação médica e fármacos de que antes não necessitava, e os quais agora não posso dispensar.

O tratamento não acaba com o implante do dispositivo de oclusão. Após o procedimento é fundamental que o paciente seja reavaliado periodicamente pela equipe de especialistas. As reavaliações buscam orientar o paciente sobre diversos aspectos, incluindo:

- Eventuais restrições de atividade física.
- Programa de reabilitação cardiovascular.
- Retomada das atividades habituais.
- Orientações alimentares.

Riscos

Apesar de a técnica, em pacientes corretamente selecionados, apresentar menor risco que a cirurgia convencional, este ainda é um procedimento cirúrgico realizado no coração. O paciente deve discutir extensivamente com a equipe especialista sobre seus riscos, que variam conforme sua condição de saúde. Somente uma avaliação multiprofissional pode determinar adequadamente a quais riscos cada caso está exposto e quais medidas serão tomadas com o objetivo de reduzir ao máximo esses riscos.

Benefícios do procedimento

Além de se tratar de um procedimento menos invasivo, diversos estudos têm demonstrado uma série de benefícios. Os pacientes operados com essa técnica demonstram, em curto período de tempo, uma melhora significativa dos sintomas de dispneia (falta de ar), diminuição dos riscos de embolização e melhora da função do coração.

CAPÍTULO 6

PESQUISAS E LEITURAS QUE REALIZEI SOBRE O AVC

Tudo em nossa vida acontece em função do melhor!
Devemos acreditar que a amargura de hoje é, com certeza, a sementinha da alegria de amanhã.
(Mariluci Carvalho)

No período de recuperação estudei um pouco sobre o meu problema de saúde. Tornei-me um curioso, ávido por saber, conhecer, aprender sobre o AVC e suas possíveis sequelas. Com simplicidade e na busca constante por mais conhecimento, queria saber detalhes do que tinha acontecido comigo, os riscos, busquei informações, literaturas sobre o assunto, e li alguns livros de pessoas que passaram por um AVC.

Fonte: Ministério da Saúde

Fui fazer uma pesquisa na literatura científica, busquei me aprofundar nessa área com o intuito de ajudar outras pessoas que, assim como eu, passaram ou estão passando por sofrimentos parecidos com este. O conhecimento obtido deu-me uma visão ampla das várias alternativas disponíveis para buscar a recuperação. Cheguei à conclusão de que muitas pessoas não entendem a razão para tamanho sofrimento. O que, para uns, pode levar ao fortalecimento da disposição para lutar, para outros, é motivo de derrota.

Realizei várias leituras e pesquisas prévias e aprendi que existe, na física, um conceito chamado resiliência. Pesquisei no dicionário e encontrei as seguintes definições para essa palavra: "propriedade de um corpo de recuperar a sua forma original após sofrer choque ou deformação; capacidade de superar adversidades; capacidade de um objeto recuperar-se, moldar-se novamente depois de ter sido comprimido, expandido ou dobrado, voltando ao seu estado original" (Dicionário Aurélio da Língua Portuguesa). Entendo ser a capacidade que todos os seres vivos possuem, em maior ou menor grau, de recuperar sua normalidade depois de uma crise. Quanto maior nossa autoestima, maior será nossa resiliência, e somente pessoas resilientes têm a capacidade de gerenciar crises, enxergar oportunidades e, assim, procurar uma vida mais saudável.

Nos estudos para a recuperação de uma área lesada por um trauma, os novos métodos de imagem mostraram aspectos novos e desconhecidos de como o cérebro se transforma para manter a funcionalidade mesmo em casos de lesões graves. No campo da neurologia, eles nos orientam sempre a não parar de estimular o cérebro, procurando constantemente por algo novo e diferente. Enfim, não se acomodar com o passar do tempo e procurar algo que nos dê motivação. A fisioterapia e a repetição de movimentos induzem essas novas ligações, razão pela qual não se devem abandonar os exercícios quando se é atingido por um problema que deixa marcas profundas na mobilidade física. Essa neuroplasticidade é lenta e tem que deixar o sistema nervoso fazer seu trabalho.

Trazendo para o trauma neurológico que sofri, esse conceito refere-se ao meu processo de superação, ou seja, enfrentar os problemas e conflitos e sair deles mais fortalecido, acreditando na capacidade de reparar, substituir e treinar novamente o circuito neural. Temos que pensar SIM que o nosso cérebro é resiliente. Tenho que exercer o máximo de tarefas complexas e, assim, criar novas conexões. Entendo que tenho que enfrentar as adversidades com serenidade e coragem, mesmo em condições desfavoráveis, com incertezas e medos, e acreditar que há uma saída, nem que seja uma pequena luz no fim do túnel; e, também, que não é nenhuma fórmula mágica, não é da noite para o dia, não é sem esforço pessoal e familiar, mas, sim, em Deus e com Ele, e que não posso e não devo me levar pelo imediatismo, acreditando que a cura virá de uma hora para outra, afinal, é preciso ter paciência. Interessante é que, muitas vezes, não temos paciência de esperar, pois desaprendemos a respeitar a velocidade e o tempo, afinal, somos a "geração do on-line".

Estamos acostumados com o micro-ondas, com o celular, com a internet. Tudo é muito rápido, vivemos a era do imediatismo, em que tudo é automático e rápido demais, em que o tempo é sinônimo de dinheiro. As acelerações dos nossos tempos, as pressões, o consumismo compulsivo, ou seja, essa sociedade impiedosa, que impõe ritmos, competitividade e ambições. A ansiedade parece ter se tornado uma marca da vida moderna, na qual o relógio nos comanda.

A estrutura de nossa vida passa por compromissos, no entanto, a sabedoria que se encontra nas passagens da Bíblia nos ensina que "para tudo há um tempo, para cada coisa há um momento debaixo do céu" (Ecl. 3,1). Para Deus, as coisas acontecem no tempo certo. Viver sabiamente talvez seja isso. Precisamos parar e olhar a nossa volta, pois nenhum dia é igual ao outro, portanto, não nos deixemos cair na rotina. Digo, por mim mesmo, que ansiedade é um dos piores males da vida moderna. Tudo é motivo para que ela se manifeste. É o engarrafamento que nos faz chegar atrasados ao trabalho, é o salário que não sabemos se cobrirá as despesas do mês, é o tempo que parece correr cada vez mais veloz, e por aí vai. Se não bastasse, somos bombardeados por notícias que falam de crises financeiras, violência, novas epidemias e catástrofes ecológicas.

De fato, tempos difíceis pertencem à condição humana e, ao menos para algumas pessoas, parecem criar negatividade. Todos conhecemos a negatividade, pois ela é abrangente e fácil de ser identificada; é rápida, intensa e, apesar de ninguém ser imune a ela, muitas vezes é difícil perceber que é ela quem está no comando do nosso ser e que ao sermos invadidos por ela, saímos do controle de nossas emoções e, pior, de nossas ações. Somente por meio da consciência posso perceber a diferença entre sentimentos positivos e emoções negativas. Acredito ser de extrema importância termos consciência dos nossos sentimentos e do pouco conhecimento que temos de nós mesmos.

O QUE É O ACIDENTE VASCULAR CEREBRAL – AVC, CONHECIDO POPULARMENTE COMO "DERRAME CEREBRAL"

De acordo com dados do Ministério da Saúde, o AVC – Acidente Vascular Cerebral, vulgo derrame, é a doença que mais mata e deixa sequelas no Brasil. É uma pane no interior da mais preciosa caixinha de surpresas do ser humano: a caixa craniana, com todas as funções do cérebro em seu interior, fazendo parte de uma estrutura maior, que é o encéfalo. A detecção é minuciosa e deve ser acompanhada por uma junta médica ou especialista, que fará o diagnóstico. Fechado o diagnóstico, a indicação da medicação adequada compete ao médico. Cada caso é um caso e apenas o profissional competente poderá avaliar.

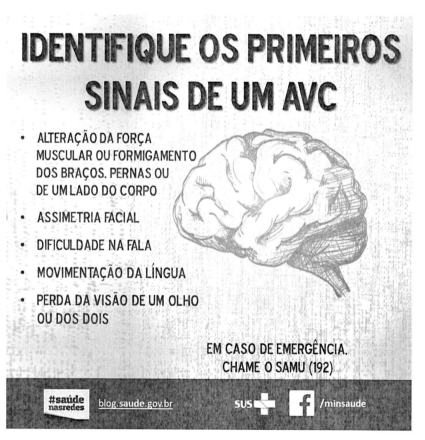

Fonte: Ministério da Saúde

AVC
Neurologistas Marcelo Calderaro e Eli Faria Evaristo explicam como acontece e os sintomas

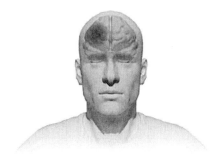

O QUE É
Mais conhecido como derrame, ocorre quando há entupimento ou rompimento dos vasos que levam sangue ao cérebro, provocando a paralisia dessa região cerebral

SINAIS DE ALERTA
Diminuição ou perda de força na face, braço ou perna de um lado do corpo

Alteração de sensibilidade, com sensação de formigamento na face, braço ou perna de um lado do corpo

Perda súbita de visão nos olhos

Alteração da fala, dificuldade para articular, expressar ou compreender

Dor de cabeça súbita e intensa sem causa aparente

Instabilidade, vertigem súbita intensa e desequilíbrio associado a náuseas ou vômito

TIPOS

Isquêmico
Entupimento dos vasos que levam sangue ao cérebro

Hemorrágico
Rompimento do vaso, provocando sangramento no cérebro

O QUE FAZER?
Estatísticas mostram que entre 5% a 10% das pessoas chegam antes de 3 h ao hospital

1ª hora:	1h30:	3h:	4h a 5h:
de cada 2 pessoas, 1 se recupera	de cada 4 pessoas, 1 se recupera	de cada 7 pessoas, 1 se recupera	de cada 14 pessoas, 1 se recupera

.com.br

Fonte: Ministério da Saúde

Colesterol alto

O excesso de colesterol no sangue aumenta o espessamento e o endurecimento das artérias. Placas de colesterol e conteúdos gordurosos se depositam lentamente na artéria, fazendo com que ela se feche aos poucos e impeça a passagem de fluxo sanguíneo. Esse processo provoca arteriosclerose – endurecimento das artérias – e prejudica a oxigenação do cérebro, aumentando o risco de AVC.

Sedentarismo e obesidade

A prática de exercícios físicos é fundamental para controlar praticamente todos os fatores de risco de AVC. Por outro lado, a falta desse hábito e a obesidade só aumentam as chances. Pressão alta, colesterol elevado, diabetes e doenças cardíacas são complicações decorrentes do excesso de peso e precisam ser prevenidas e controladas com bons hábitos, o que inclui atividade física regular.

Má alimentação

Uma vez que diabetes, colesterol, obesidade e hipertensão aumentam as chances de AVC, todos os cuidados para controlar essas doenças servem de prevenção – e alimentação ganha destaque. Fazer uma dieta balanceada, moderar o consumo de sódio (para pressão alta), evitar alimentos ricos em colesterol e gorduras saturadas (frituras), controlar o consumo de açúcar (para diabetes) são alguns dos hábitos que devem fazer parte da rotina.

Pressão alta

A pressão alta ocupa o topo do ranking de maiores causas de acidente vascular cerebral uma vez que as paredes internas das artérias sofrem traumas por causa do fluxo do sangue mais forte. Esses traumas formam pequenos ferimentos nas paredes, que podem obstruir a passagem do sangue (AVC isquêmico) ou romper a parede da artéria (AVC hemorrágico). É possível, entretanto, controlar a hipertensão com medicação e hábitos saudáveis, como reduzir o consumo de sal da alimentação e praticar exercícios.

Excesso de açúcar no sangue

O excesso de glicose no sangue – característica do diabetes – aumenta a coagulação do sangue e o deixa mais viscoso. Isso diminui o fluxo de sangue das artérias e pode levar a um AVC. Além disso, é comum que pessoas com diabetes também apresentem sobrepeso, colesterol alto e pressão alta – todos os fatores de risco de derrame cerebral.

Tabagismo

Substâncias do cigarro fazem com que a coagulação do sangue aumente. Com isso, o sangue fica mais grosso e o fluxo nas artérias, por sua vez, fica prejudicado, aumentando as chances de um derrame. Os benefícios das atividades físicas são enormes e, dentre eles, está a melhora na qualidade de vida depois de um acidente vascular cerebral. Um planejamento motor associado a exercícios físicos melhora a plasticidade cerebral, que é a capacidade de reorganização de estruturas danificadas.

Tipos e causas

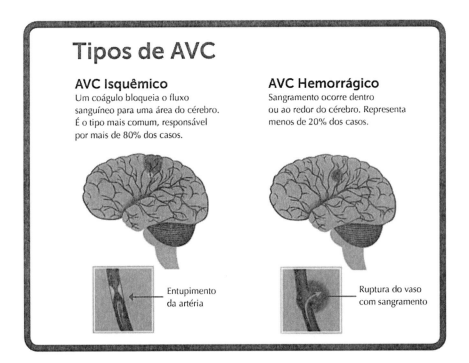

Fonte: Ministério da Saúde

O **Acidente Vascular Cerebral Isquêmico (AVCI)**, o mais comum, é causado pela falta de sangue em determinada área do cérebro, decorrente da obstrução de uma artéria. Com uma artéria do cérebro entupida e o sangue não fluindo, ao faltar o principal alimento para elas, que é o oxigênio, elas ficarão danificadas e sofrerão um bloqueio. Com isso, nosso sangue fica impedido de seguir adiante e de chegar ao seu destino, cumprindo sua missão, que é de irrigar nosso cérebro.

O **Acidente Vascular Cerebral Hemorrágico (AVCH)** é causado por sangramento devido ao rompimento de um vaso sanguíneo. É mais raro e fatal que o isquêmico e quanto mais profunda e extensa a região do cérebro atingida, pior. Por quê? Porque as chamadas "zonas nobres" serão afetadas e muita coisa poderá acontecer a partir daí: perda da fala ou linguagem truncada, arrastada; visão comprometida; perda dos movimentos; perda da capacidade de engolir, de mastigar, de bochechar; dificuldade de compreender o que se diz; perda da noção de distância; perda da memória, raciocínio, depressão, ansiedade etc.

Nos dois tipos, uma vez que o sangue, contendo nutrientes e oxigênio, não chegam a determinadas áreas do cérebro, ocorre a perda das funções dos neurônios, causando os sinais e sintomas, que dependerão da região do cérebro envolvida.

Principais sintomas

Fonte: Ministério da Saúde

Os sinais e sintomas se iniciam de forma súbita e podem ser únicos ou combinados, de acordo com a lista a seguir:

- Enfraquecimento, adormecimento ou paralisação da face, braço ou perna de um lado do corpo.
- Alteração de visão: turvação ou perda da visão, especialmente de um olho; episódio de visão dupla; sensação de "sombra" sobre a linha da visão.

- Dificuldade para falar ou entender o que os outros estão falando, mesmo que sejam frases simples.
- Tontura sem causa definida, desequilíbrio, falta de coordenação no andar ou queda súbita, geralmente acompanhada pelos sintomas anteriormente descritos.
- Dificuldade de engolir e dores de cabeça fortes e persistentes.

O que fazer diante da suspeita de AVC?

A identificação rápida dos sintomas é muito importante para o diagnóstico e o tratamento adequado, além de redução de incapacidades. Dirigir-se imediatamente a um serviço hospitalar especializado. Não perder tempo, cada minuto é importante, pois quanto mais tempo entre o surgimento dos sintomas e o início do tratamento adequado maior a lesão no cérebro.

A hipertensão demanda atenção constante, principalmente para quem tem histórico na família. O cardiologista recomenda uma monitorização regular dos níveis de pressão arterial, que deve ser mantida abaixo de 140/90 mmhg – 14 por 9. Além disso, tanto para tratamento pós-diagnóstico como para prevenir a doença, manter uma alimentação com baixa ingestão de sódio; evitar o consumo excessivo de alimentos industrializados, bem como manter o peso adequado e procurar realizar atividade física regular. Estudos feitos mostram que a atividade física em pacientes que sofreram um Acidente Vascular Cerebral (AVC) melhora não só a recuperação dos movimentos, mas também o funcionamento do próprio cérebro.

Como o tema é extenso, leituras que fiz e outras que venho fazendo afirmam que uma porcentagem grande dos indivíduos que sofrem um trauma neurológico fica com disfunção motora, que se torna um déficit permanente após a lesão. Esses problemas resultam em dificuldades para a execução dos movimentos funcionais, sendo sintomas mais comuns: alteração de força e/ou sensibilidade em um ou ambos os lados do corpo, dificuldade para falar, confusão ou dificuldade para entender e se comunicar, dificuldade para a marcha ou equilíbrio. Qualquer paciente, ao ter um AVC, se for atendido em um prazo máximo de até três horas, possui mais chances de recuperação. Quanto mais rápido puder levar a pessoa ao hospital, mais rápido será o começo do tratamento, o que aumenta, exponencialmente, as chances de recuperação. Comigo aconteceu que haviam passado horas até ser entregue aos cuidados médicos. Hoje, sei que as três primeiras horas seguintes a um

AVC são determinantes para que o tratamento seja eficaz e se evitem as sequelas neurológicas. Se for atendido imediatamente então, as chances são imensas. Quanto mais cedo começar, melhor será o prognóstico; de modo típico, a melhora funcional será mais rápida. A velocidade inicial está relacionada à redução do edema cerebral, melhora do suprimento sanguíneo e remoção do tecido necrótico.

Aprendi que, com fisioterapia, os ganhos funcionais podem continuar por anos à frente e consistem em processos pelos quais se ministra, orienta, guia e ensina, a fim de estimular que os mecanismos de reorganização neural se desenvolvam de forma ideal, na tentativa de recuperar ao máximo as funções sensório-motoras dos pacientes com lesão neurológica. É uma das especialidades que mais tem sido solicitada mundialmente por equipes multiprofissionais que trabalham em hospitais, clínicas, serviços de atendimento domiciliar e outros que tratam pacientes neurológicos. Os indivíduos portadores de sequelas seguem, normalmente, uma rotina de intervenção e tratamento de acordo com o tipo e causa do acidente vascular cerebral, que varia desde a intervenção cirúrgica ao tratamento clínico, passando, posteriormente, para o tratamento fisioterápico. Este consiste, na medida do possível, em restabelecer funções e/ou minimizar as limitações deixadas. No entanto com o tempo o quadro tende a se estabilizar, fazendo com que a pessoa se torne um eterno paciente de exercícios físicos, desenvolvendo, na maioria das vezes, uma atividade relativa.

As formas de tratamento existentes devem ser avaliadas para ver quais são as adequadas, de acordo com o quadro de cada paciente, sendo essa avaliação realizada pelo próprio fisioterapeuta. Ele é o profissional especializado para orientar, observar e melhorar o correto procedimento de evolução.

Enfim, cabe somente a minha pessoa manter a dedicação e os esforços nas sessões de fisioterapia e fonoaudiologia. Isso me faz ver como é importante, ao lado da recuperação física, a recuperação neurológica, afinal, as duas estão diretamente ligadas.

Recuperação

Não basta focar só na recuperação. É fundamental, também, a prevenção e, para isso, devemos adquirir um novo estilo de vida e, sobretudo, adquirir o hábito de:

- Controlar a pressão arterial.
- Descobrir se você possui fibrilação atrial (tipo de arritmia cardíaca que pode levar a formação de coágulo).
- Parar de fumar.
- Controlar o consumo de álcool.
- Controlar os níveis de colesterol.
- Controlar o diabetes.
- Fazer atividades físicas.
- Consumir alimentos de baixos teores de sódio (sal) e gorduras.
- Acompanhamento médico regulares.

CAPÍTULO 7

HOME CARE – ATENDIMENTO DOMICILIAR

O Home Care (tratamento em domicílio) é indicado para tratar e recuperar o paciente. Muito utilizado em países desenvolvidos, é como um prolongamento da estrutura hospitalar. É recomendado quando o paciente recebe alta, portanto, quando seu quadro é estável e permite a continuidade do tratamento em casa. Para o paciente é muito vantajoso, pois fica diminuído o risco de uma infecção hospitalar e a participação dos familiares no processo reduz o estresse emocional e facilita a cura. É composto por uma equipe de médicos que têm a responsabilidade formal na continuidade do tratamento, preservando a ética e o respeito ao paciente. Para isso, conta com uma equipe de profissionais muito bem treinados, entre eles, enfermeiros, fisioterapeutas, assistentes sociais e psicólogos, para dar início e continuidade ao trabalho de estimulação durante a fase de recuperação. Destaca-se pela aproximação do terapeuta com o paciente; de uma maior privacidade e tranquilidade ao longo do tratamento; do paciente contar com mais segurança física, por estar em um local conhecido (a própria residência) e a melhor condição psicológica por receber o carinho dos familiares a todo o momento.

Para a maioria das pessoas que sobrevivem a um AVC, a reabilitação é uma das partes mais importantes do tratamento, uma vez que as células que foram atingidas e morreram não se recuperam, mas as que ficam próximas da área lesionada podem ser recuperadas pelo menos parcialmente com o tratamento. Deve ter início em fases precoces, nos primeiros dias ainda no hospital e, posteriormente, deve ter continuidade. Os primeiros meses são os mais importantes no processo de readaptação, sendo a intervenção precoce essencial para diminuir os efeitos acarretados pelo derrame.

Dito isso, posso afirmar que necessitava de movimentos no corpo para não ficar totalmente "entregue" ao leito de uma cama e passar o dia todo em um quarto. Como não saía de casa devido às dificuldades de locomoção, ficava inviável a impossibilidade de chegar até uma unidade especializada para realizar sessões de fisioterapia. Minha irmã, com muita paciência, correu atrás disso para mim. Não pretendo aqui discorrer sobre o assunto, até mesmo porque não sou advogado, nem domino o assunto para ajudar a todos, antes, escrevo para conscientizar as pessoas sobre os direitos e benefícios a que fazem jus, encorajando-as a resgatar sua própria cidadania. Concluindo, depois de uma *via crucis*, eu consegui. Graças a Deus, o convênio tinha essa parceria médica (Home Care) e pude sentir no início do processo o toque humano e afetivo das profissionais, que criaram um vínculo de confiança e amizade, favorecendo minha reabilitação, fazendo uma avaliação e uma proposta de trabalho. Naquela ocasião, eu usava o andador ou contava com ajuda para me equilibrar. Enfim, os primeiros dias são cruéis, mas a melhora só estava começando. Lembro-me que uma das fisioterapeutas me disse de cara que eu ia ficar bom: "Você vai voltar a andar rapidinho". Como foi importante ouvir isso. Eu acreditei e acredito nisso até hoje, totalmente.

Lembro-me de que nas sessões de fisioterapia domiciliar meu apartamento ficava cheio de fita adesiva colada no chão, nas portas, nas paredes, no banheiro, em todos os lugares. Nos exercícios propostos eu tinha de aprender a balançar, depois rolar, para então poder me sentar. Tinha de ficar em pé antes de poder dar o primeiro passo e precisava estar relativamente estável sobre os pés para percorrer cada estágio, dominar aquele nível de habilidade e, depois, o seguinte. Às vezes era necessário me mostrarem certa atividade muitas e muitas vezes, até meu corpo e meu cérebro conseguirem entender o que eu estava aprendendo. Qual bebê que começa a se pôr em pé para dar os primeiros passos e que hesita em fazê-lo pelo medo de cair, eu também me sentia hesitante em romper com o isolamento interior em que me refugiara, por sentir que a normalidade física perante os outros tinha ficado afetada. Para se ter ideia, para recomeçar a andar eu tive que reaprender, como se nunca tivesse andado na vida. Reaprender todos os movimentos da perna. Mais importante foi o que uma das fisioterapeutas me disse e ficou gravado na minha memória: "Rogério, você precisa estar disposto a tentar, a tentativa é tudo. Tentar, tentar e tentar novamente, até mil vezes, antes de ter um esboço de resultado. Se você não tentar, fica difícil a recuperação".

Dia a dia fui ficando mais forte e mais resistente ao exercício físico. A primeira vez, uma das sessões em que a fisioterapeuta me levou para andar fora de casa, foi uma fascinante experiência de aprendizado (as lágrimas descem só de me lembrar): eu precisava prestar atenção e ajustar o equilíbrio. Nos primeiros dias eu não consegui ir muito longe, mas com perseverança, finalmente, consegui percorrer a calçada completa. Lembro-me de que foi nessas sessões que aprendi, com muito cuidado no equilíbrio, a me locomover com o uso de andador e, posteriormente, de muletas. Fui direitinho, com minha acompanhante levando as muletas para passear! Em nenhum momento em recorri a um apoio (grande vitória) e enfrentei obstáculos naturais de uma calçada: desnivelamento, pedras no meio da grama, subidas, descidas, procurando andar sem ter que olhar 100% de meu tempo para o chão.

Às vezes, quando o tempo permitia, dávamos voltas pela área de lazer do condomínio e a fisioterapeuta me estimulava a realizar as atividades de forma mais independente possível, dentro de minha nova condição motora. Uma das fisioterapeutas, muito profissional, criativa e atenciosa, chamava de "caminhos ao redor do condomínio", sendo explorados déficits de coordenação e motricidade, afinal, eu precisava reorganizar minha postura e meu próprio jeito de andar.

Cada momento trazia nova esperança e novas possibilidades. Enfim, aprendi que o ganho de independência requer perseverança e um treinamento sistemático diário, além da valorização das pequenas conquistas.

CAPÍTULO 8

A RECUPERAÇÃO COM SESSÕES DE FISIOTERAPIA

Lute diante das coisas mais difíceis da sua vida para que um dia possa olhar para trás e dizer: "Foi difícil... Mas eu consegui!".

Autor desconhecido

Fonte: Ministério da Saúde

Assim como o organismo é nutrido pela alimentação, o corpo é fortalecido por meio de atividades. No caso de quem sofreu um derrame cerebral, exercícios podem contribuir para vencer as fragilidades que se apresentam no equilíbrio, na coordenação, na flexibilidade e no planejamento motor. Aprendi – e estou dia a dia aprendendo –, que nenhuma fisioterapia ou terapia similar traz efeitos instantâneos; que quando se quer as coisas para ontem, acaba-se aniquilando e abortando o amanhã. Acredito que ninguém supera uma doença, seja ela física ou psíquica, sem paciência. Diante de um diagnóstico, sou eu quem tenho que ser paciente e ajudar, por mais esforços que isso me custe.

Para dar uma ideia da cronologia da minha recuperação, aqui vai um breve resumo dos pontos altos do meu progresso. Logo após a alta hospitalar, os médicos entenderam de modo inato que era essencial que desafiássemos meus sistemas cerebrais imediatamente. As conexões dentro dele haviam sido rompidas e era crucial voltar a estimulá-las antes que elas morressem ou se esquecessem completamente como fazer o que haviam sido criadas para fazer. Posso afirmar que um importante passo para a minha recuperação foi o intenso programa de fisioterapia e exercícios que eu me impus para fortalecer a musculatura e para que pudesse ajudar na coordenação motora. Acredito que a fisioterapia é fundamental para pacientes de AVC, pois possibilita a restauração de movimentos essenciais, portanto, deve-se agir com persistência e disciplina. Logo estabeleci para mim uma rotina focada em exercícios dos movimentos do corpo. Movimento, essa é a palavra que me rege desde o dia em que comecei a fazer exercícios fisioterápicos. Digo que não foi fácil suportar as sessões pela qual passei e ainda passo atualmente. Mas, assim como hoje, era absolutamente necessário.

É verdade que os resultados não apareceram de imediato, mas com o passar do tempo, acabei por notar que havia alguns progressos quanto aos movimentos que eu já ia conseguindo fazer sozinho, notando que a insistência em fazer tais exercícios me ia propiciando um pouco mais de agilidade. O tratamento leva tempo, é um processo lento, gradativo e monótono. E não adianta ansiedade. Você tem que se adaptar a um mundo em câmara lenta. A recuperação é quase imperceptível, quase não se sente, mas embora invisível, ela existe e tem exigido de mim esforço, necessitando de persistência ou mesmo teimosia, pois só assim é possível alcançar resultados. O importante é não parar, pois mesmo um pequeno avanço na direção certa já é um progresso.

E somente é possível vencer o "monstro" quando se aprende a encará-lo de frente. Ao saber disso, aprendo que continuo a existir, com meus potenciais, minhas limitações e meus desejos, com todo um histórico de vida antes e pós-AVC, que deve ser respeitado. As sessões me ensinaram que sou eu quem deve mudar, *não os outros*; a valorizar ainda mais os demais; a apreciar mais a vida; a servir e a honrar a Deus sem limites. Uma coisa Deus tem me marcado muito nos ensinamentos: vigiar meu próprio instinto e as minhas limitações. Na verdade, foram – e têm sido elas – minhas limitações o instrumento essencial para que eu chegasse a reconhecer que precisava ainda mais Dele. Elas me fizeram ver a dura realidade.

Hoje, tenho a ousadia em dizer que o derrame está, aos poucos, lentamente, fazendo parte de um passado escuro, recordado apenas para entender os significados de tudo que aconteceu. Ainda é cedo para saber até onde posso me reabilitar. Sei que nunca mais serei como antes, mas trabalho todo dia para melhorar a minha qualidade de vida e deixá-la o mais próximo possível do normal. O ganho é fruto de exercícios repetitivos. É lenta a reabilitação, mas vale a pena. Falar, comer, pensar, ter memória, movimentar-se e poder ter ao menos um pouco de uma vida normal são ganhos incomensuráveis e a cada dia tenho novas conquistas. A possibilidade de voltar ao trabalho é uma das metas que me impulsiona a continuar lutando para melhorar. Um passo mais firme, uma resistência maior, um cansaço menor, outras tantas vitórias, mas cada coisa em seu tempo e seu lugar. A cada passo dedicado ao meu objetivo, um pouquinho mais me aproximo dele.

Você pode estar se perguntando: qual é o segredo? Como não ficar triste com os problemas e provações? Eu respondo que sempre foi, assim como sempre tem sido e sempre será, fé e oração. Comecei a acreditar mais em mim mesmo, sem a necessidade de ver nada. Eu faço o que Deus coloca no meu coração, sem ao menos me preocupar com quão incapaz ou pequeno eu sou. Comecei a entender que, quanto menos somos capazes, mais Ele nos usa. Até hoje busco encontrar algo que demonstre minha gratidão a Deus por tudo. Pode a minha vida ter uma reviravolta, mas a minha fé continua e sempre continuará inabalável. Todas as orações, uma por uma, só me fizeram e fazem bem. Aprendi a olhar para os problemas e para os acontecimentos como um treinamento que estou recebendo da vida. Não importa o que aconteceu no passado. No presente eu sou o único responsável pela minha história e pelo destino que quero dar a minha vida. O futuro está em construção, ele é inteiramente meu, pois ainda não existe. Posso criá-lo segundo meus objetivos e, principalmente, meus propósitos.

Estipulei metas, pois acredito que a vida só tem sentido quando as definimos de maneira positiva e mudamos o modo como vemos as coisas, afinal, penso eu que todo sofrimento precisa encontrar uma razão, e quando a gente consegue pôr sentido, as coisas ficam do tamanho que são. Quando não pomos um sentido, elas se tornam muito grandes em nossa vida. Vou ilustrar com um simples exemplo: um pneu que fura pode ser visto como um grande transtorno, mas se você pensar melhor poderá ver outros sentidos nessa situação. Assim é na vida: toda experiência tem um sentido e saiba que o que está passando é transitório.

METAS! Elas fazem parte do meu dia a dia e acredito que devemos tê-las sempre definidas, pois só o ato de pensarmos nelas já começa a nos mobilizar e, por não sabermos até onde podemos chegar, sempre vamos ultrapassar nossos limites e possibilidades a fim de alcançá-las. Sem elas tenho certeza de que pouco alcançarei. Sei que não é nada fácil a adaptação a uma nova realidade, mas temos que fazê-la; vamos nos adaptando à nova realidade e, muitas vezes, a nova realidade vai se adaptando a nós. Sair de sua zona de conforto e tentar algo é muito desgastaste para alguém que tem limitações como eu, mas com persistência e disposição vou superando os obstáculos. Ninguém disse que seria fácil. A única pessoa que se beneficia quando resolvemos sair desse terreno desconhecido somos nós. Tenho certeza de que tudo passará e que eu voltarei a minha rotina. Pelo menos acredito que devo pensar assim e esforçar-me ao máximo para melhorar, pois nada vai acontecer enquanto eu ficar de braços cruzados, ou melhor, de braços parados por conta do derrame. Digo que é preciso ter coragem de transformar o pior drama numa linda comédia, mas com disciplina e perseverança você pode transformar a sua vida e obter o sucesso.

É preciso ter maturidade suficiente para questionar: para que isso? O que posso aprender com tudo isso? Como esse fato pode contribuir para que eu seja melhor? O que preciso aprender com esse acontecimento? O que posso tirar de bom de tudo isso? No que esse fato pode me ajudar a ser melhor, mais amadurecido e sereno? Se me permitem a ousadia, gostaria de inverter a questão: o que eu posso fazer para sofrer menos? Como conviver, agora, com esse problema? O que fazer para me adaptar a ele? Sei que sou frágil, limitado, então, sendo eu dessa forma, junto ao amor perfeito, que é Deus, divido as limitações, multiplico o bem-querer, somo as qualidades, diminuo as imperfeições e disponho-me a crer que Deus tudo pode.

O passado precisa ser assimilado por mim, nunca ignorado. Os erros cometidos são ensinamentos fabulosos quando me disponho a aprender o que eles têm a ensinar. Aprendi que na vida existe uma lei. Ao menos para mim, foi e está sendo assim: ou se aprende pelo amor ou se aprende pela dor. Embora não possa mudar o passado, eu sou a única pessoa capaz de construir o futuro. O que passei me faz melhor a cada dia e precisa ser vivido como um presente.

Os monges aprenderam e ensinaram a viver o "carpe diem", que significa "viver cada dia de uma vez". Hoje, eu posso e devo ser feliz. O ontem não volta e ninguém pode fazer nada por ele. Amanhã é uma possibilidade que depende da maneira correta com que vivo o hoje. Acredito que o Pai do céu honra aquele que persevera e é aprovado nas provações diárias. Perseverar quando as lutas, dificuldades, provações e situações estão complicadas – para mim não foi e não está sendo fácil, chega a ser até dolorido muitas vezes –, é algo de grande valor para Deus. Perseverar é crer que as coisas vão melhorar, já estão melhorando, é confiar que Ele está no controle da situação, é lutar mesmo sem forças para vencer, é se posicionar com fé mesmo sem mudanças visíveis, é crer no impossível. Li, não lembro onde, que "quem vê somente a doença, não enxerga". Deus me manda olhar para a doença de um jeito novo, pois "só quem vê o que está escondido é capaz de projetar algo novo".

Comparo a ação do Senhor em minha vida como o fermento colocado na massa de um pão ou de um bolo: cresce a seu tempo. Assim também ocorre quando se trata da minha recuperação: devo dar tempo para Ele agir, com a minha espera confiante, perseverante e de oração. Contudo sem me esquecer da minha liberdade; traduzindo para a linguagem cristã: o quanto Deus respeita o meu livre-arbítrio. Em meu processo de superação procuro enfatizar para mim mesmo: não vou desanimar; não irei me render; não vou me deixar aprisionar pela doença. Prometi a Nossa Senhora que, por mais difícil que seja, não permanecerei nas trevas do problema; antes, prometi acender uma luz.

Sei que minha recuperação requer esforços constantes, seja nas sessões de fisioterapia, fonoaudiologia ou mesmo nos exercícios diários que faço em meu apartamento, mas também sei que o maior benefício está justamente no comprometimento que tenho assumido comigo mesmo. Meu dia se resume a atividades fisioterápicas, que passei a encarar como rotineiras (devo dizer que nunca interrompi minhas sessões). Estou aperfeiçoando o meu caminhar e tenho dever de casa da fisioterapeuta. Exercícios, muitos exercícios todos os dias, afinal... dever de casa é dever de casa, e são como lições que devemos estudar para passar etapas na grande escola da existência.

Quando penso que estou bem mais equilibrado, lá vem um exercício diferente sendo inserido para me mostrar que ainda falta algum. Meu equilíbrio está melhorando, mas ainda falta um bom pedaço para ele voltar (não se esqueçam de que duas das minhas sequelas são o equilíbrio e a visão turva). Neste particular, o que me empata é o medo de cair. Sentir que o equilíbrio começa a perder-se é sempre uma situação que me causa desconforto, pois não posso facilitar uma queda, que pode jogar o trabalho de um ano todo fora, além de acarretar outras consequências. Mas como tudo na vida, a gente se adapta, acostuma-se e melhora.

A "ralação" é permanente, cada vez mais exige muito do meu corpo. Tem algumas sessões que eu chego a pingar de suor. Tenho certeza de que meu sucesso hoje se deve a várias horas "suando a camiseta". Enfim, é "ralação", mesmo dando a impressão para os outros de que eu não faço nada. É lógico que, com o tempo, já sei qual é o meu limite. Vou me exercitando no limite que a fisioterapeuta me diz. Acredito que é comum as pessoas pensarem que têm que fazer muitas horas de exercícios por dia, e aí posso dizer que aprendi que se os músculos forem muito estimulados, podem fadigar. Não é a quantidade de exercício que vai devolver os movimentos, mas a qualidade e, acima de tudo, a vontade do cérebro em enviar os estímulos necessários. Não adianta querer queimar etapas, é paciência mesmo. Nos primeiros meses é perceptível a evolução mais facilmente, depois o retorno é mais lento. Afirmo que minhas dedicações nas sessões estão valendo muito a pena! A maior parte dos exercícios é voltada para recuperar meus movimentos e meu equilíbrio corporal.

Os médicos me falaram que é normal me sentir "meio tonto e desequilibrado". Isso faz parte dos efeitos colaterais e que, aos poucos, voltarei ao normal. Penso que esse comprometimento evidencia o quanto o tratamento é importante, o quanto vale a pena lutar, esforçar-se, querer melhorar, tentar, persistir e acreditar que tudo vai dar certo. Espero (ou melhor, espero não, vou conseguir) recuperar os movimentos sem sequelas (aliás, eu não gosto dessa palavra), mas elas existem e servem para me lembrar de que luto para superá-las e que não sou mais a mesma pessoa, sobretudo, no sentido de funcionalidade física. Sou um paciente que, quando visto, ninguém percebe a "olho nu" sinal ou sequela. Mas houve danos cerebrais sim, porém invisíveis aos olhos das pessoas, mas para mim existem e me tornam diferente. Não posso fazer de conta que não houve danos cerebrais e achar que tive algo comum, simples, pois em alguns momentos percebo que há algo estranho dentro de mim. Houve lesão cerebral no espaço da coordenação motora, mas nada que compromete o dia a dia. Em alguns momentos há pequenos desequilíbrios e sinto que em alguns momentos as pessoas pedem que eu repita o que falei.

Comecei a prestar atenção nisso e reconhecer que não sou a mesma pessoa (no sentido funcional cerebral), que preciso aceitar as minhas limitações e continuar em frente. Dói, dói muito estar "diferente" de antes. Mas eis o aprendizado escolhido para nossa evolução e crescimento espiritual. Sei que não ficarei como era antes. É importante lembrar que as sequelas de um AVC podem ficar para o resto da vida. Calma, não aprofundarei meu texto conversando sobre sequelas, apenas tenho certeza de que isso não impede que eu me desafie sempre, em busca de melhoras que só eu percebo.

A pergunta que mais ouço é: "Quanto tempo levou a recuperação?". Respondo que é algo muito individual e depende da severidade do derrame e de outros fatores associados. É um processo lento, gradual e digno de esforço próprio e dos profissionais de diferentes áreas envolvidos, num trabalho multidisciplinar previamente indicado. Médico, fisioterapeuta, fonoaudióloga, entre outras áreas, fazem a diferença no progresso de reabilitação para que se possa ter uma melhor recuperação e qualidade de vida; além, é claro, da medicação e de toda minha estrutura física e emocional.

Posso afirmar que é com muito empenho que se consegue resultados, afinal, boa parte da recuperação ocorre nas primeiras semanas; no entanto, as pessoas podem ir se restabelecendo gradativamente por um longo período. Modéstia à parte, nesse tempo eu evolui muito. Perto do que me encontrava, eu posso dizer que foi quase um milagre o que aconteceu comigo! É preciso ter muita força de vontade, afinal, o trabalho de qualquer fisioterapeuta não terá resultados se não houver empenho de ambas as partes. Tenho em minha cabeça que ficarei recuperado, pode não ser 100%, e falo: coloque para você objetivos pessoais. Não ache que você não é capaz. No seu ritmo, tudo é possível. Mas lembre-se sempre de fazer a sua parte!

Não responsabilize apenas o seu fisioterapeuta. Você é responsável pela sua melhora. Ele é "apenas" uma ferramenta! Digo a você, que está lendo, para que não se deixe sentir derrotado na primeira dor que sentir. Acredite, isso é um sinal de que seu corpo está começando a reagir. E atenção: cada AVC é um AVC. Suas dores podem ser diferentes da minha! Ainda faço fisioterapia para não regredir, mas com foco diferente, voltado para o fortalecimento muscular, pois, nessa situação, a melhora na condição muscular ajuda muito, principalmente no caminhar. Aprendi que o tempo e o percentual de recuperação da lesão são diferentes de caso para caso, depende da gravidade da lesão e do esforço pessoal de cada paciente. Cada indivíduo irá desenvolver e estimular suas competências emocionais de acordo com suas possibilidades e limites. O importante é saber e experimentar a realidade de que é possível a superação.

Um dia, recebi uma mensagem que, para mim, foi estrategicamente enviada, e faço questão de compartilhar aqui: "Não temas, porque Eu estou contigo; não fiques apavorado, pois Eu sou o teu Deus; Eu te fortaleço, sim, Eu te ajudo; Eu te sustento com a Minha destra justiceira. Serão envergonhados e humilhados todos os que se encolerizam contra ti" (Is. 41,8-12).

Acredito que o esforço que estou fazendo nunca será em vão, pois, com a graça e a benção de Nossa Senhora, sei que irei vencer. Deus tem hora para tudo e tudo tem um propósito em nossa vida! Nada é por acaso. Para Ele, até o que parece estar demorando para nós faz parte dos Seus planos e sempre tem como objetivo o nosso bem. A grande verdade é que, quando Deus quer tocar alguém, Ele toca. Portanto, "é preciso me dispor a desistir do que sou para me tornar o que serei" (Einstein).

CAPÍTULO 9

A RECUPERAÇÃO COM SESSÕES DE FONOAUDIOLOGIA: DIFICULDADES AO FALAR E AO ESCREVER

> *Os sofrimentos são lições que a alma tem de assimilar, com espírito de fortaleza e evolução. Os maiores feitos da humanidade foram feitos nos momentos de sofrimento e de dor, não no momento de alegria e quando tudo estava maravilhosamente bem.*
>
> *(Papa Francisco).*

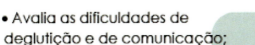

Fonte: Ministério da Saúde

Logo no início do meu trauma neurológico, os limites mais evidentes ficaram nos campos justamente da audição, da fala e da escrita. Minha capacidade de verbalização (falada e escrita) ficou comprometida. Passei um tempo depois da cirurgia fazendo fonoaudiologia, pois as palavras teimavam em não sair fluentemente, como tinha sido capaz de fazer até então. Através das muitas sessões e dos exercícios vocais, posso dizer que a fonoaudióloga me re-ensinou a falar. Lembro que, na minha primeira consulta, era capaz de ler as palavras em voz alta, mas não conseguia atribuir nenhum significado aos sons que saíam de minha boca. A falta de concentração, uma das sequelas do AVC, dificultava bastante os exercícios, já que tinha que me esforçar para me lembrar de algumas palavras.

Com o passar do tempo passei a ser capaz de ler uma palavra de cada vez, atribuir um significado a esse som e depois passar à palavra seguinte. Com orientação, semana a semana, dei os passos necessários para alcançar meus objetivos. Tudo começava a fluir e percebia uma melhora na impostação da minha voz e eu conseguindo falar com mais força e entonação do que antes.

Lembro-me de que escrevia e falava com dificuldade. Pensava certo, mas parecia que os pensamentos não grudavam nas palavras. A leitura, então, essa era muito difícil. Impossível eu não ficar triste e preocupado ao me dar conta de que tinha limitações para ler e escrever. Foi como se tivesse dado um reset no meu HD interno, no qual eu precisava colocar tudo novamente.

Fazia um esforço imenso para prestar atenção ao que alguém estava dizendo. Vou ilustrar com um exemplo simples: era como o esforço que se tem de fazer para prestar atenção a alguém falando em um telefone celular numa ligação ruim. Você precisa se esforçar muito para ouvir o que a pessoa está dizendo; era esse tipo de esforço que eu precisava fazer para ouvir. Determinação era o ingrediente que eu tinha de colocar em larga escala no processo de recuperação, e para que esta fosse bem-sucedida, era importante me concentrar em minha capacidade e não em minha incapacidade.

Com relação à fala, após meses, apesar de todo esforço, ainda permaneço com falhas perceptíveis na pronúncia e apresento a "fala arrastada", mas consegui grandes avanços. Tive uma melhora significativa e percebo que mesmo já tendo passado algum tempo ainda estou em processo de recuperação, pois a melhora é percebida dia após dia. Falo devagar, mas consigo expressar o que quero. Aprendi que era útil que as pessoas me corrigissem, mas era de vital importância que ninguém terminasse minhas frases por mim ou me lembrasse sempre. Para que eu recuperasse essas habilidades, eu precisava encontrar esse circuito dentro da minha cabeça, no meu tempo, e exercitá-lo.

A fonoaudióloga, para tentar esclarecer do que se trata, explicou-me esse fenômeno de forma bem fácil, de fácil compreensão, dizendo que as falhas na pronúncia têm o nome científico de "afonia", sendo que é comum após um trauma neurológico o paciente apresentar dificuldade para articular as palavras, expressar ou compreender a linguagem, cabendo ao médico neurologista determinar a necessidade de fonoaudiologia. A fala sofre influência do meio, ou seja, se estamos em situação de estresse, qualquer pessoa falante normal modifica sua desenvoltura.

Enfim, tive que aprender a falar de novo. A maior dificuldade é pronunciar algumas palavras e articular as frases com a habilidade que só o tempo poderá dizer a velocidade. Minha leitura é lenta, mas compreendo exatamente o que leio e falo com coerência de ideias. Aos poucos esse lapso de memória parece estar sendo superado. Posso dizer que estou reaprendendo a falar, a ler e a escrever.

Apresento um quadro de "afasia na sequência de um acidente vascular cerebral". Como curioso, pesquisei e realizei algumas leituras sobre a afasia, a qual "pode afetar a compreensão, a fala, a escrita, a pronúncia, a nomeação das coisas" (Dicionário Aurélio da Língua Portuguesa). Um afásico pode compreender, mas não escrever, pode ter dificuldades nos gestos.

Reaprender a escrever foi, de longe, a coisa mais difícil que eu tive de fazer. Imagine você, um educador, profissional do magistério, que perde sua faculdade da leitura e escrita? Meu cérebro sofria com a tarefa de reaprender a grafia das palavras e isso se estendeu por algum tempo. Eu tinha dificuldade para me concentrar em coisas mais complicadas e isso exigiu de mim muito tempo e estímulo. Eu me empenhei muito para reaprender a escrever e a fazer tudo, tudo que pudesse incrementar meu quadro neurológico ainda debilitado pelo AVC. Uma simples contagem – 1, 2, 3, 4, 5, 6, 7, 8, 9, 10 – enquanto você está exercitando mexe com um bando de neurônios que você não faz ideia.

Nos exercícios, ainda hoje, a fisioterapeuta me passa uma sequência e me passa outra sequência. Depois, pede para eu fazê-las com um determinado tipo de contagem. Não é fácil. Concentro-me. Erro. Acerto. Mas vou ao limite até conseguir fazer. Se erro, começo tudo do início. Vou assim até conseguir completar a tarefa a contento. A execução simultânea de tarefas exige concentração, mas afirmo, com orgulho, que graças a Deus, meu cérebro faz progressos evidentes todos os dias e aos poucos vou sentindo melhora na memória, na coordenação e na execução de tarefas. Interessante é que passei a reparar nas mínimas melhoras, nas mínimas dificuldades, nas mínimas diferenças. Acredito que quem está fora da situação pouco repara nessas sutilezas do dia a dia.

Também aos poucos fui podendo até me sentar diante do computador e digitar. Digo que isso exercita minha mão, além da coordenação, da atenção, do planejamento, ou seja, de tudo. Acredito ser fundamental esse exercício para a mente, para o corpo.

Posso afirmar que, com limitações, processos gradativos de avanços e recuos, a escrita se preservou em mim, como capacidade funcional. A neurologista falou que o cérebro precisa de tempo, após tanta perda neuronal, para recuperar capacidades já aprendidas. Não escrevo como antes, e uma das grandes diferenças está em como meu cérebro percebe o uso espacial, ou seja, o espaço, a posição do papel, revelando a dificuldade oriunda da lesão ter sido do lado direito do cérebro. Estou fazendo um esforço grande para me aproximar da grafia que tinha antes; já consigo escrever melhor. Recuperar movimentos finos não é fácil, mas também não é impossível. O esforço descomunal para escrever meu nome já dá um pequeno exemplo do que quero dizer; devo dizer que não perdi o contato com o que é vital para a identidade de cada um de nós: nosso nome completo.

Não exija de mim uma letra de caligrafia, mas já consigo me fazer entender e, quiçá, arriscar a tentativa da assinatura (que evolução)! Em meio a essa evolução, fui procurando aceitar que minha oscilação é própria da condição de quem sofreu um AVC e de que tudo se resolverá no seu devido tempo. Ah! O tempo... Sempre ele causando esperas... É como um amigo invisível e surpreendente, que nada fala, nada diz, mas que dá a resposta para tudo, sempre fazendo parecer que as esperas jamais terão fim. Porém o tempo de Deus é tão diferente daquele marcado em nossos relógios... Certa vez, escutei em uma homilia, na missa, o sacerdote falar que para os gregos, o tempo tinha um significado de momento certo ou momento oportuno. É uma ocasião indeterminada no tempo em que algo especial acontece.

Penso que isso serve para descrever o tempo de Deus reservado para a minha recuperação. Um tempo em que o sofrimento cessa e a felicidade se instala em nosso coração, em que a enfermidade abandona o corpo já exausto e a saúde volta a regenerar as forças. Quanto tempo leva para acontecer? Não cabe à eu saber. Virá quando Ele achar oportuno que venha. Pode parecer demorado, mas quando chega, é infalível e renovador. Afinal, a sabedoria bíblica nos confirma isso quando nos diz que debaixo do céu há um tempo para cada coisa. Acredito que só assim conseguirei controlar minha ansiedade e cultivar a paciência, afinal: "O tempo é o melhor autor, sempre encontra um final perfeito" (Charles Chaplin). Li, certa vez, não me lembro onde, que o budismo diz que a felicidade e o sofrimento caminham lado a lado. Eu concordo. Afinal, nunca saberíamos reconhecer a verdadeira felicidade se não tivéssemos sofrido um dia.

CAPÍTULO 10

A RECUPERAÇÃO COM SESSÕES DE ACUPUNTURA

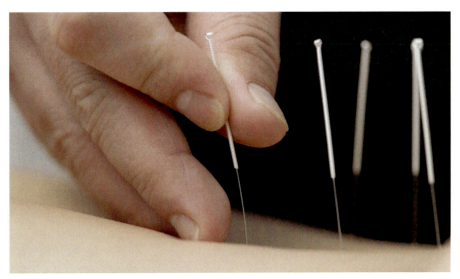

Fonte: Associação Brasileira de Acupuntura

Eu queria saber mais sobre minha recuperação e métodos de tratamento do AVC. Encontrei na internet o site da ABA – Associação Brasileira de Acupuntura, com várias informações e um item que falava sobre o tratamento da recuperação tendo como uma das alternativas a acupuntura, mais um método, mas não o único, que pode ser usado na recuperação das sequelas do AVC e que, se associado a outros métodos, como a fisioterapia, terá um efeito satisfatório. É usada no mundo inteiro para tratar quase todos os tipos de doenças e seus benefícios não geram efeitos colaterais.

Pesquisei e encontrei literaturas que falam que na visão da Medicina Tradicional Chinesa (medicina oriental), o Acidente Vascular Cerebral enquadra-se na situação de "Golpe de Vento", que corresponde a quatro possíveis quadros na medicina ocidental: hemorragia cerebral, trombose cerebral, embolia cerebral e um espasmo de um vaso cerebral. A acupuntura é uma modalidade de prevenção e tratamento que faz parte da Medicina Tradicional Chinesa. É utilizada nos efeitos, na prevenção e no tratamento do AVC.

Resultados levaram a Organização Mundial de Saúde a reconhecer a eficácia da acupuntura no tratamento de várias patologias, tanto agudas como crônicas: "As últimas descobertas nesse campo indicam que as aplicações das agulhas trazem benefícios no tratamento das sequelas provocadas por derrame cerebral. Embora temidas por algumas pessoas, as agulhadas não provocam dor e ainda têm como vantagens não causar efeitos colaterais e produzir uma melhora geral do organismo. Muitas vezes o segredo do tratamento depende da capacidade do profissional em integrar diferentes técnicas de acupuntura para AVC e diferentes paradigmas de raciocínio clínico" (Fonte: Organização Mundial da Saúde).

A acupuntura já é comprovadamente eficaz na prevenção e tratamento do AVC, porém nem sempre esse método obterá eficácia total sendo utilizado sozinho. Cada caso é individual e assim deve ser o tratamento das pessoas que apresentam essa doença. A acupuntura não só pode como deve ser usada em associação com os métodos terapêuticos da Medicina Ocidental. Contudo, os fisioterapeutas devem possuir conhecimento sobre essa forma de prevenção e tratamento para assim, realizarem indicações aos seus pacientes, buscando sempre a melhoria da saúde e a ausência de doenças. Nas duas últimas décadas, para o tratamento da afasia decorrente de AVC, ela fez grandes progressos, sendo desenvolvidas abordagens diferentes e a sua eficácia tem sido confirmada desde o início. Os pesquisadores concluíram que a acupuntura "melhora significativamente os déficits neurológicos e o infarto cerebral" em casos de lesões causadas por derrames ou acidentes vasculares cerebrais.

Posso afirmar que eu nunca havia tido experiência com esse método de tratamento e comecei a fazer duas sessões por semana, as quartas e sextas-feiras. Ao longo das sessões, combinadas com treinamento de reabilitação, senti melhora na oralidade.

CAPÍTULO 11

TRATAMENTO CLÍNICO: CIÊNCIAS DIVINAS E HUMANAS

> *Há medicamentos para toda a espécie de doenças, mas, se esses medicamentos não forem dados por mãos bondosas, que desejam amar, não será curada a mais terrível das doenças: a doença de não se sentir amado.*
>
> *(Madre Teresa de Calcutá).*

Faço um parêntese aqui para registrar a importância que atribuo ao tratamento clínico citando um ensinamento do Livro do Eclesiástico: "Rende ao médico as honras que lhe são devidas, por causa de seus serviços, porque o Senhor o criou. Pois é do Altíssimo que vem a cura, como um presente que se recebe do rei. A ciência do médico o faz trazer a fronte erguida, ele é admirado pelos grandes. Da terra o Senhor criou os remédios, o homem sensato não os menospreza" (Ecl. 38,1-4). A graça supõe a natureza. Isso quer dizer que, o sobrenatural – aquilo em que acreditamos –, não dispensa o natural, antes, apoia-se na graça, tendo como resultado medicina é fé juntas; afinal, para curar os problemas físicos, emocionais e mentais é preciso recorrer também aos meios naturais e o apoio dos amigos e da família.

É fato que são muitos os meios, os tratamentos e as fórmulas medicamentosas graças à evolução da medicina, que descobre cada vez mais benefícios, que hoje trazem alívio, cura e restauração às pessoas que se encontram debilitadas por uma enfermidade. Os tratamentos avançam muito, as soluções para recuperação são imensas e trazem possibilidade de retorno às atividades de vida diária. Por isso, acreditar nos recursos é fundamental e essencial para dar aos homens sabedoria para diagnosticar, intervir e tratar os mais diversos tipos de doenças.

Falando em medicina, acho interessante que muitas doenças são antigas, porém, não eram conhecidas pelo nome que têm hoje. Certamente, as ciências biológicas e humanas avançaram muito ao longo do tempo, destacando-se o desenvolvimento de medicamentos mais eficazes. Alguns médicos são os primeiros a reconhecer que cuidar da parte física de forma isolada, sem suporte emocional e espiritual, produz efeitos limitados. Colocar esse suporte espiritual, essa porção do divino, algo que traduzo com a palavra "fé", fez com que eu nunca deixasse de enxergar a luz no fim do túnel, por mais escura, nebulosa e incompreensível que fosse a situação, pois, "na esperança, esperamos o que não vemos, e aguardamos mediante a perseverança" (Rm 8,24). É preciso sempre acrescentar fé e oração, que têm um valor muito importante em relação às doenças.

A ciência comprovou o que a sabedoria popular há muito defendia, sendo aceito como dado científico que o fato de uma pessoa ter desenvolvido uma fé ou que seja um senso religioso, opera favoravelmente no tratamento dos problemas de modo geral. Quem crê se cura mais fácil e rapidamente do que aquele que não crê. A oração, quando feita da maneira correta, redime as pessoas, leva-as ao conhecimento de que fazem parte de uma realidade maior, de maior profundidade, maior esperança, maior coragem e mais futuro do que qualquer indivíduo poderia ter por si próprio.

Uma coisa já é bem aceita: mesmo que não se consiga explicar, não tem como negar que a oração e a fé existem e interferem de modo muito importante em todo processo que envolve a relação saúde/doença. Quero deixar claro aqui que não se trata de disseminar, apoiar ou implantar qualquer religião, mas de respeitar o paciente, que tem, na maioria das vezes, uma fé, uma crença – seja ela qual for que o sustenta. O medo da dor e do abandono são talvez os aspectos mais perturbadores da doença e a oração deve ser usada para apagá-los, pois Deus ajuda-nos a ser corajosos mesmo quando estamos debilitados e amedrontados e nos dá a certeza de que não enfrentamos nossos medos e nossas dores sozinhos. Para isso, é preciso abertura de nossa parte, porque Deus respeita nossa liberdade e não pode agir se não permitirmos.

Vale lembrar aqui, algo que escutei de uma enfermeira ainda quando estava internado: *"Digo a você, Rogério, que fraco não é aquele que admite a própria fragilidade e, sim, quem tenta esconder seus pontos fracos para parecer mais forte".* Afirmo que o Deus em quem eu creio não nos envia o problema, mas nos dá força para arcar com ele, e que enfrentar com bravura uma doença de longo curso é uma das coisas mais humanas e mais divinas que posso realizar. Tenho aprendido que quanto mais se carrega um problema, mais pesado ele fica.

CAPÍTULO 12

O APOIO DA FAMÍLIA E DOS AMIGOS

Ninguém é uma ilha. Precisamos uns dos outros.
(Padre Marcelo Rossi)

    A família é aquele espaço em que procuramos refúgio, em que cada um de nós é reconhecido não pelos seus títulos, não por aquilo que possui, mas por aquilo que é. A literatura mostra que a ocorrência do AVC afeta a vida dos membros familiares e que esse processo pode resultar em mudanças no relacionamento familiar, e que todos vão aprendendo e se organizando e a experiência do cuidado vai se construindo ao longo do tempo, afinal, as pessoas a nossa volta também estão passando por transformações.

    São muitos os sentimentos que se sente: susto, medo, angústia e dúvida do que vai ser dali por diante e o quanto se vai conseguir recuperar da sua independência. Posso afirmar que ser vítima de AVC é se deparar com limitações físicas, profissionais e emocionais. A vida se transforma em uma fração de segundos e leva com ela família e amigos a um novo caminhar, mais lento, às vezes mais dependente, rumo a um futuro incerto, mas com muita fé. Essa doença vai além do acontecimento do fato em si. Ela impacta a vida das pessoas da família de forma profunda, mudando completamente a rotina e forçando uma adaptação constante. Acredito que o paciente é quem mais precisa de ajuda, não apenas física, mas também psicológica e espiritual, e nada como a família para ajudar nessas circunstâncias, uma vez que o tratamento e a recuperação exigem disponibilidade e zelo com quem padece. Ela passa a se tornar parte estratégica no processo de recuperação.

    Digo que minha família tem me ajudado muito nessa fase pela qual estou passando do meu trauma neurológico. A união foi espontânea, levaram-me para casa o quanto antes e ofereceram a melhor qualidade de vida possível. A equipe do hospital cumpriu a sua parte, cabia aos familiares darem continuidade a esse processo. Passaram, então, de frágil a gigante, dedicando parte dos dias para me cuidar, e foram descobrindo caminhos, usando da imaginação, criando e reinventando a vida. Muito trabalho, dúvida, cansaço, misturados com muito sorriso, amor, amizade, alegria e superação. Costumo dizer que somos responsáveis por 51% do tratamento, mas 49% ficam nas mãos dos que nos amam, afinal, não existe base, não existe um fundamento sólido no qual as pessoas possam se apoiar hoje em dia a não ser a família.

Todos somos os mesmos na essência, no amor e na fortaleza de nossos laços. Um tipo de colaboração fundamental deles foi e está sendo aquela focada nas questões práticas do dia a dia e no apoio que me ampara com cuidado e com segurança. Penso que olhar para a Sagrada Família é, sem dúvida, um convite para que olhemos com mais atenção para a qualidade de nossos próprios relacionamentos. E cabe aqui uma pergunta muito simples, porém de grande profundidade: e a sua família, como vai?

Tua família (Anjos de Resgate)

Percebe e entende que os melhores amigos

São aqueles que estão em casa, esperando por ti

Acredita nos momentos mais difíceis da vida

Eles sempre estarão por perto, pois só sabem te amar

E se por acaso a dor chegar, ao teu lado vão estar

Pra te acolher e te amparar

Pois não há nada como um lar.

Tua família, volta pra ela

Tua família te ama e te espera

Para ao teu lado sempre estar

Tua família, volta pra ela

Tua família te ama e te espera

Para ao teu lado sempre estar

(Tua família).

Às vezes muitas pedras surgem pelo caminho
Mas em casa alguém feliz te espera pra te amar
Não, não deixe que a fraqueza tire a sua visão
Que um desejo engane o teu coração
Só Deus não é ilusão
E se por acaso a dor chegar, ao teu lado vão estar
Pra te acolher e te amparar
Pois não há nada como o lar.
Tua família, volta pra ela
Tua família te ama e te espera
Para ao teu lado sempre estar
Tua família te ama e te espera
Para ao teu lado sempre estar...
(Tua família)
(Nossa família).[3]

    Quanto aos amigos, bem, estes foram muito generosos comigo. Havia dias em que recebia uma meia dúzia de visitas, nas quais acabava me divertindo muito ao recuperar a memória de fatos que tinham acontecido. Com lágrimas nos olhos e gratidão no coração, guardo com carinho eterno as visitas, orações e mensagens de incentivo. Juro que tenho até certo orgulho de quando pessoas que não me viram antes me vejam agora. A maior parte dos comentários é: "Você está muito bem"; acredito que não imaginam como estava antes, pois quem me viu sabe exatamente o que estou falando.

    Hoje, vejo que foi importante não apenas para mim, que exibia literalmente meus avanços, mas como foi importante para todos ao verem que eu estava muito bem! Só evoluções! Afirmo que não importa onde estejam meus amigos, eles sempre se fizeram presentes, de um jeito ou de outro!

---

[3] Disponível: https://www.youtube.com/watch?v=sQ8a9gbFBxM

CAPÍTULO 13

O COTIDIANO

Passados alguns meses desse período em que fiquei morando na casa dos meus pais, decidi que eu estava pronto para tentar morar sozinho novamente. Não que os cuidados dos meus familiares não fossem MA-RA-VI-LHO-SOS. Não, não é isso! É que me sentia eufórico com a recuperação da minha independência. Assim, a minha chegada em casa e a nova adaptação não foram fáceis. Confesso que a limitação física gerou, temporariamente, em mim, frustração e a sensação de incapacidade, mas os limites não impediram que, no cotidiano, pudesse agir na certeza de fazer aquilo que minhas condições permitiam.

Nem pensem que meu dia é de pijama, no sofá, que se enganam redondamente. Eu tinha de fazer uma coisa de cada vez, sendo que, o primeiro passo, foi identificar quais atividades dava conta de fazer, o que significava que tudo exigia minha total atenção. O que antes era banal e corriqueiro virava uma operação de guerra. Ficou então bem clara a doença, exigindo adaptações, e questões pessoais que passavam por mudanças, mexendo com meu exterior e mexendo também com meu interior. Com uma percepção diferente, tudo era encarado como desafio. Eu tinha de saber para que servia cada um, fosse físico, mental ou os dois conjugados, afinal, só assim fui recuperando o que foi perdido e voltando a ser o que era.

Tento sempre me lembrar de que toda a minha evolução se deve aos desafios que encaro e que estou pronto para superá-los. Tenho que me desafiar, pois sem eles a recuperação não tem sentido. Felizmente, todos os dias penso em algo que tenho que melhorar. Não posso focar apenas no que era bom, mas que irá ficar com o meu esforço e com a minha determinação. Procuro preencher meus dias com tudo que posso, primeiro lugar com a fisioterapia, para fortalecer o equilíbrio e meus músculos, e a fonoaudiologia, para melhorar minhas expressões de fala. Deixei meu cérebro estabelecer a própria rotina, permitindo que, bem devagar, eu começasse a me reorganizar, com a atenção ficando cada vez mais automática. Hoje, sinto que ainda tenho que "mandar" o comando para a minha cabeça, afinal, tenho que me concentrar para fazer coisas do cotidiano.

O corpo se recupera como que espontaneamente. Movimentos finos, que antes eram difíceis, são incorporados de volta. Imperceptível para a maior parte das pessoas, mas perceptível para mim. Questões como alimentação restrita, medicações diversas, tratamentos paralelos, enfim, a vida passa por uma transformação física, mental e emocional, no entanto, ela continua, as contas chegam do mesmo jeito, a obrigação chama, e assim sigo inventando outra rotina, o mais semelhante possível que mantinha anteriormente. Afirmo que mesmo com as minhas limitações, considero-me feliz conservando alguns hábitos simples que tinha antes do AVC, dentre eles, o hábito simples de cozinhar (não, não sou um cozinheiro profissional ou um Masterchef, sei fazer apenas o trivial). Posso dizer que, após o trauma neurológico, cozinhar se tornou um dos meus desafios e que isso, para quem fazia tudo tão automático, é meio "complicado" de administrar. Equilibrar-me diante da pia e do fogão para lidar com panelas é um avanço e tanto. Penso que nenhuma tarefa é tão simples como antigamente, mas nenhuma tarefa é impossível e, assim como em nossa vida, tudo é uma questão de prática.

Tenho autonomia realizando minha higiene pessoal sozinho, apesar de ter disfunção no lado esquerdo do corpo. Reaprendi e adaptei diversas funções ao meu lado funcional. O que diante dos meus olhos antes era um mecanismo automático, hoje tenho que fazer passo a passo. Todos os mínimos detalhes fazem parte do meu dia a dia, como pegar um copo no armário, abrir uma tampa de garrafa, passar um SMS, enfim, todas essas atividades passaram a ser um desafio. Sou independente para o meu cuidado, sou capaz de andar sozinho nas proximidades da minha casa e apesar das mudanças radicais que ocorreram em minha vida, consegui encontrar forças para buscar a minha felicidade.

Tenho levado comigo os conselhos da minha cardiologista, que repete que, antes de qualquer coisa, tenho que respeitar os limites do meu corpo. Procuro dormir por volta das 22h, acordar cedo – 6h ou 7h –, assistir ao jornal da manhã tomando café, curtir os campeonatos de futebol das séries A e B, assistir a um filme, ler um pouco algum livro ou revista, ligar o computador para ver meus e-mails, estudar e escrever (devo dizer que faço caligrafia). Escrevo, mesmo com as dificuldades que a sequela me impôs, para treinar a grafia das letras. Admito que não insisti no início, pois achei que podia ficar frustrado por não conseguir fazer. Foi importante para mim saber dos meus limites e, paralelo a isso, ter a disciplina para ser desafiado.

Tenho compreensão de tudo, lembro-me de fatos passados e presente, sei o número de senhas como antes. Procuro realizar pequenas tarefas caseiras do dia a dia de acordo com minhas limitações, sendo útil, participativo, deixando, enfim, cada dia seguir seu fluxo naturalmente. Mesmo que meus movimentos estejam limitados, minha mente está em ação e necessita ocupar-se. Para diminuir a sensação de que o tempo está passando rápido, procuro concentrar-me no alvo principal de minhas ações. Leitura, digitar no computador, dobrar e guardar as roupas, dentre outras coisas do cotidiano, requerem uma atenção que eu nunca precisei usar. Para facilitar, procuro fazer essas ações de forma muito metódica, pois se saio daquele ensaio mental, tudo se perde e preciso começar tudo de novo. Chamo isso de "energia gasta à toa".

Um momento, simples para alguns, foi quando comecei a tomar banho sozinho. Ah! Esse dia foi maravilhoso! Saí da cama, do quarto, entrei no banheiro e tomei meu banho sozinho após o AVC! Se eu não tentasse, ficaria dependendo de todo mundo para sempre. Outro momento que me marcou ocorreu quando, depois de meses e meses após o derrame, sai a primeira vez, indo de carona com minha irmã na clínica para fazer fisioterapia e fonoaudiologia. Eu tinha passado algum tempo dentro de casa. Já me considerava parte da mobília. De repente, lembro-me como se fosse hoje, senti o vento no rosto, senti-me eu novamente. Acredito que se sentir livre faz parte dos desejos de quase todo paciente que sofreu um trauma neurológico, mesmo com sequelas mínimas.

Fomos, então, eu e minha irmã, ao retorno de uma das consultas periódicas solicitadas pela equipe médica para fazer os exames especializados. Antes de tudo, minha cardiologista ficou muito feliz em me encontrar andando sem o auxílio de muletas, pois estava com melhor locomoção e condicionamento. A consulta foi ótima, pude observar se tudo estava de acordo com o que foi solicitado, repassei todas as informações que julgo importantes sobre meu estado de saúde e aproveitei para esclarecer algumas dúvidas. Entendo que são poucos minutos reservados, porque são muitos pacientes, porém, para mim, são momentos mágicos.

A primeira grande notícia foi de que meu quadro geral estava muito bom para o que eu tive. Ela me disse que graças à minha boa forma, alimentação saudável etc., eu poderia agradecer a recuperação que vinha tendo, pois, caso contrário, eu deveria estar na cama e sem falar. Afirmo que o simples fato de conversar com a cardiologista, de ouvir algumas palavras sobre a superação da doença, é um alívio ao meu coração e me deixa renovado e ainda mais persistente para enfrentar o dia de amanhã. A cada consulta de rotina eu rezo: "Senhor, aqui estou novamente, fazendo os exames, para ter a certeza de que estou bem, mas é o Senhor que tem minha vida em Suas mãos. Eis-me aqui". Essa é a única forma de enfrentar esses exames sem perder a paz.

Aprendi, ao longo desses penosos meses, que a reabilitação não tem fim, é eterna. Como escutei a fisioterapeuta falar, em uma das muitas sessões, ainda no início da minha recuperação: *"A reabilitação, Rogério, é um prato que se come frio, mas ela tem o delicioso sabor de vitória".* Comparo minha situação com um quebra-cabeça desmontado, com as peças espalhadas e algumas faltantes, e, aos poucos, vou reconstruindo minha vida e reorganizando os pensamentos. No início sem muito sentido, mas depois com a construção harmônica de uma vida, percebendo os mínimos detalhes. Aprendi que preciso, dia a dia, remontar-me, peça por peça. Se tenho um problema, não fico pensando nele, mas nos ganhos e no aprendizado que me trará. Passei a ver a vida de outra forma e a entender que ela é um sopro e que meu próximo minuto de vida está nas mãos de Deus. Esse "sacode" que a vida me deu me fez reavaliar muitas coisas. Não posso dizer que estou curado, mas assim como um veículo, posso dizer que fui "recondicionado", afinal, pneus recauchutados também funcionam, não é mesmo? Se eu estava ligado em 220 v, agora estou a menos de 110 v.

Continuo lutando sem me render ou desanimar e tenho aprendido que mudanças são necessárias, mexe com nossos hábitos, que nossa rotina organizada é alterada. Tudo, aos poucos, entra na mais perfeita ordem com o passar dos dias, meses ou anos, e adequar-se é uma questão de tempo. Posso dizer que, aos poucos, vou tentando me tornar mais leve e mais equilibrado. Não fico tentando abraçar o mundo, fazendo tudo o tempo todo. Agora tento fazer pausas ao longo do dia, além de priorizar as atividades e vínculos que fazem sentido para mim. Quando você perde a capacidade de fazer coisas simples, fica mais claro o que faz sentido de verdade na sua vida. Aprendi que é preciso viver sem piloto automático, sem formatar a nossa vida em um monte de atividades seguidas. Engraçado é que fui aprender isso após sofrer um AVC, enquanto, ao longo dos dias, semanas e meses, vou desbravando a realidade e encontrando formas mais adequadas de se viver. Afinal: "Deus nos concede, a cada dia, uma página de vida nova no livro do tempo. Aquilo que colocamos nela corre por nossa conta" (Chico Xavier).

Não tenho dúvida de que de fato vivemos, a todo o momento, oportunidades de superação, enfrentamentos e tribulações. Todas as lutas pelas quais passamos, as tormentas em que nos envolvemos, os desertos que atravessamos e os ventos contrários à nossa volta podem fazer surgir certa descrença. Porém, digo que é preciso ter fé e coragem para não deixar o desânimo tomar conta e acordar a cada dia com esperança e confiança na misericórdia divina. Em certos momentos a motivação é grande e sentimos forças para lutar por nossos sonhos, mas, por vezes, o desânimo também invade o coração a ponto de queremos desistir de tudo. Nesses momentos, penso ser preciso manter o equilíbrio, acreditarmos que no momento certo as coisas acabam por acontecer. As dificuldades mudam com o tempo, mas com a determinação certa saímos vencedores. Assim, jamais devemos nos desesperar ou desistir, pois as tribulações apenas servem para testar nossa fé. Penso que o cristão, com a graça de Deus, não se deixa vencer pelo sofrimento, mas vence, como disse São João: "Esta é a vitória que vence o mundo: a nossa fé".

Três aspectos fazem toda a diferença: Ter fé de que tudo vai dar certo, que para Deus nada é impossível. Ter esperança, enquanto houver ao menos uma chance e acreditar que o quadro pode mudar. Ser persistente e não desistir. Devo, pois, firmar compromisso nessas três coisas e confiar aos profissionais tudo aquilo que não me compete resolver, buscando, junto aos médicos, os recursos para minha recuperação, seguindo em frente e dando tempo ao tempo para acomodar cada coisa em seu lugar.

Falo a você, que agora está lendo meu relato, que mesmo quando você sentir que caminha só, Deus continua ao seu lado, e se cair, Ele amparará sua queda e ajudará você a se levantar. Acredite sempre e confie, pois, para Ele, não existem impossíveis e Ele sempre dá a cada um de nós aquilo que Ele sabe que conseguimos suportar. Portanto, afirmo: faça da sua fé a arma principal nas batalhas que travar em sua vida, mantendo sempre o otimismo; faça exercícios físicos, tome os seus remédios que são prescritos e faça a sua terapia caso necessite, pois todas essas forças atuando em conjunto, proporcionarão uma chance muito maior no alívio das dores.

CAPÍTULO 14

ENFRENTAMENTOS

> *Recria tua vida, sempre, sempre. Remove pedras e planta roseiras e faz doces... Recomeça.*
>
> *(Cora Coralina)*

Após a saída do hospital, passado o impacto dos dias em que fiquei internado, encarei minhas limitações, minha recuperação e o tratamento, buscando todos os recursos médicos, que me levavam a acreditar que ficaria curado. O enfrentamento precisou ser de modo racional e emocional. Esse, para mim, foi o início de todo processo de autoconhecimento, ir para dentro de mim e suportar a solidão de estar comigo. Aprendi que o autoconhecimento começa com uma escuta cuidadosa das coisas do nosso interior, principalmente das emoções e dos sentimentos. Aprendi que a saída não está lá fora e que a liberdade de uma pessoa é proporcional ao que ela conhece de si mesma.

Nesse processo de autoconhecimento afirmo a dor que foi para mim ter que "engolir" as dificuldades que encontrava – e ainda encontro – no caminho: encarar os problemas gerados pela minha situação, o olhar crítico das pessoas, lidar com o problema de perto e, ainda assim, fazer-se de forte para todos da família. Com certeza, enfrentei e enfrento momentos difíceis, sobretudo, quando descobri as minhas imperfeições físicas e também que minha fala não era igual à das "pessoas ditas normais". Deixei momentaneamente de falar com naturalidade, de escrever e a ter dificuldades no equilíbrio físico e corporal. Que situação! Meu braço e minha perna esquerda me davam medo. Medo da inércia. Medo do que isso representaria depois. Sinto que a vida se dividiu, para mim, em dois momentos, em dois tempos, em duas partes extintas: há o antes e o após AVC.

Até os 45 anos de idade tinha uma vida ativa e independente, a qual foi parcialmente interrompida, e eu perdi, mesmo que por alguns momentos, o rumo, e tive que mudar meus hábitos. O trauma neurológico chegou de mansinho e, antes que me desse conta, transformou-se num caso de alta gravidade. Imagine acordar pela manhã, com sua rotina e habilidades em plena normalidade, e após um episódio como esse, ver-se diante de uma nova condição. Imagine só você perceber, de um dia para outro, que não consegue e que não pode fazer tudo sozinho (mesmo querendo); por exemplo: andar sozinho; tomar banho em pé no chuveiro, como o fez por muitos anos; pior ainda, você querer usar o vaso sanitário para suas necessidades fisiológicas tão elementares, que todos nós queremos fazer sozinhos, e ter dificuldades para isso, tendo que precisar pedir ajuda e esperar ajuda. É uma ruptura muito grande na vida. Tinha ficado um pouco ao sabor do que os outros decidiam por mim. Tudo o que sempre abominei: mostrar-me frágil e ser dependente. Logo eu, que tinha autonomia, uma personalidade forte e sempre procurei ser perfeccionista em tudo o que faço (característica, penso eu, de quem pertence ao signo de virgem).

Admiti que fosse ficar sempre dependente dos outros, dada a minha fragilidade física e toda a estrutura mental e emocional abalada. E o pessimismo passou a comandar a minha visão das coisas, ao ponto de achar que a situação jamais iria modificar-se. Mas é como uma mensagem que uma amiga certa vez enviou-me no meu aparelho celular: "O pessimista vê dificuldade em cada oportunidade. O otimista vê oportunidade em cada dificuldade" (Winston Churchill).

Mas, no final, o dia a dia continua, a vida não tem botão de STOP, muito menos de PAUSE. Acordamos e sabemos que mais um dia chegou e que a única possibilidade é seguir em frente, pois ao passado não podemos retornar. Desde então aprendi que a vida é feita de adaptações, umas melhores, outras nem tanto. O novo assusta, não sabemos como lidar com o desconhecido, temermos nosso fracasso nesta caminhada ao encontrar alguns obstáculos, espinhos, dificuldades e a sensação de não conseguir alcançar a meta. Entretanto a vida da gente é movida por objetivos e obstáculos sempre vão aparecer. Mas como esse são inevitáveis, o que interessa é passar por eles da maneira mais nobre possível.

Interessante como após a doença, redimensionei toda a minha vida, meu modo de pensar, de ver as coisas em seus pequenos detalhes. Falando nisso, uma situação simples de que me lembro, é a primeira vez que tive a coragem de ir a um supermercado acompanhado de minha irmã, ensaiando meus passos sem muletas. Não gostava de usar muletas, apesar de reconhecer que elas têm as suas vantagens. Servem como um sinal para terceiros de que há algo de errado com a minha pessoa e que eu tinha algum tipo de problema. Enfim, meus movimentos eram muito deliberados e lentos se comparados aos dos "clientes normais". Muitas pessoas passavam por mim empurrando os carrinhos. Algumas vezes, um espírito bondoso me oferecia ajuda. Descobri que enfrentar o mundo atribulado era assustador e intimidante. Experimentei também aquela experiência de fila preferencial, que às vezes não tem nada de preferencial.

Sigo a vida buscando interação social através de atividades da vida prática. Penso no que virá depois como decorrente de um derrame já diagnosticado ou de um quadro de lesão específico. Penso nas previsões de melhoras, nas sequelas que poderão ser deixadas, em descobrir um novo modo de suportar as dificuldades que rodeiam minha vida no presente momento. Sei que é um caminho longo e difícil, mas não posso e não devo negar a mim mesmo a disposição de começar. E o primeiro passo para começar é colocar tudo na presença de Deus. Afinal, o nosso caminho é feito pelos nossos próprios passos, mas a beleza da caminhada depende daquilo que acreditamos e das pessoas que seguem conosco.

CAPÍTULO 15

SUPERAÇÃO

> *Identificar nossas limitações é o primeiro passo para superá-las!*
> *(Augusto Branco).*

Superação! Essa é a sensação que tenho ao ver a luz do dia, o sol, a chuva, os barulhos da cidade ou o canto dos pássaros. Posso afirmar que estou passando essa primeira fase desse "jogo" que a vida está apresentando. Passo a passo, etapa por etapa, vou compreendendo as peculiaridades e qual a melhor fórmula para sair vitorioso, vencer barreiras, superar medos e estar habilitado a avançar em novas tarefas. Acredito que essa é a primeira de muitas vitórias e não importa como cheguei até aqui, o importante é que cheguei, pois cada etapa vivida é uma experiência adquirida, cada obstáculo ultrapassado é um crescimento alcançado.

Nesse meio tempo aconteceram mudanças significativas em minha vida, oscilei entre alegrias, tristezas, e tive grandes progressos. Demonstrei uma força de vontade que nunca imaginei que tivesse. Posso dizer que meu nome foi superação. Superei grandes obstáculos, os limites do meu corpo, meus momentos de tristeza e a frustração de não poder fazer até as coisas mais simples devido às limitações impostas pelas sequelas. Superei até o diagnóstico do médico e posso dizer que venci o AVC em 80%.

Aprendi que fugir da verdade não iria contribuir em nada para o bem-estar nem aliviaria a angústia. Os médicos já haviam confirmado o diagnóstico, cabia, portanto, a mim, situar-me nessa nova realidade. Era, então, a hora de reagir, encarar os fatos de frente e agregar forças para conviver com o desconhecido. Aprendi a aceitar a limitação e adaptar-me ao novo, consciente das possibilidades de sequelas e engajado na busca pela recuperação, sendo necessário conhecer a mim mesmo para saber utilizar minhas forças e reduzir minhas fraquezas, afinal, depois do AVC vem à adaptação de vida.

Recebi uma mensagem de uma das profissionais responsáveis pelas sessões de fisioterapia, que trazia o seguinte texto: "Aos pessimistas fica o sonho de algo que ele antecipadamente determinou que não conseguirá realizar, vibrando pensamentos negativos e desistindo antes mesmo de tentar. Ao otimista fica o sonho de algo desejado, mentalizado e a certeza de que encontrará formas e caminhos para alcançá-lo, exercitando sua fé e vibrando boas energias. A todos é dada a mesma liberdade de pensamento, cada um direciona conforme sua vontade e sua determinação, não importando aqui a limitação física deixada pelo AVC. Só existem dois dias no ano que nada pode ser feito. Um se chama ontem e o outro se chama amanhã, portanto, hoje é o dia certo para acreditar, fazer e principalmente viver" (Magda Spalding Perez).

Posso afirmar que foi um incentivo muito grande e, aos poucos, estou procurando voltar a dar os primeiros passos, aprendendo a andar novamente com muito cuidado e limite, a conseguir ter equilíbrio físico, a falar e a ler, graças a minha dedicação e esforços nas sessões intermináveis de fisioterapia e fonoaudiologia e também graças aos profissionais que participaram e ainda participam da minha luta e da minha constante busca pela evolução.

Está sendo muito importante passar por tudo isso sem depressão, quadro comum em pacientes em recuperação. A neurologista que me acompanha desde o início meu caso, falou: "O grande desafio de quem tem um AVC é o de não pirar. Não enlouquecer". A tendência à depressão é avassaladora! Para evitar a depressão, procuro também ouvir palavras otimistas, leituras que nutrem meu cérebro, religião e persistência no meu objetivo. Apesar de resistir um pouco, tento frequentar lugares públicos, sair de casa, ver gente. Tenho ido às comemorações sem muletas, mesmo com algumas limitações, e encontrado muitas pessoas que não haviam me visto ou que me viram logo após a minha saída do hospital, evitando o sentimento de vergonha e menos valia, evitando isolar-me e viver dentro de um casulo. Minhas limitações não me impediram de frequentar esses ambientes e viver da forma mais natural possível, afinal, isso também contribui para meu processo de recuperação.

Acredito ser importante retornar para o convívio social, viver, experimentar situações que gostava antes do AVC. Ter uma vida "normal", considerando as limitações, horários, disposição, "teimosia" e variações de humor. Ninguém tira da minha cabeça que a fé que tenho dentro de mim é que me move sempre. Meu lema tem sido um dia de cada vez. Entendi que quando a vida não nos ensina pelo amor, ela nos ensina pela dor. Cabe a nós aprender ou não! Mas não acho que ninguém precise sofrer um AVC para chegar a essa conclusão. Acredito que é possível cultivar uma postura mais serena, mas essa é uma opção que precisamos fazer diariamente. Não adianta falar: "De agora em diante serei mais tranquilo, vou me preocupar menos". Tenho que escolher esse modo de vida todos os dias. Ter tolerância e paciência, pois cada um tem seu ritmo, seu tempo próprio. É como aquele ditado: "Uma viagem de mil milhas começa com um passo", cabendo a mim escolher se o trajeto será por estradas sinuosas, perigosas, se a viagem será tensa e estressante, ou seguirá por estradas com curvas leves, sem grandes riscos, com pequenos altos e baixos, paisagens exuberantes e ar puro. Posso afirmar que em nenhum momento manifesto tristeza ou lamento. Não reclamo de nada. Só tenho a agradecer todos os dias, afinal, nada como um dia após o outro, principalmente se existir uma boa noite de sono entre eles. Interpreto este momento como minha singela participação na cruz de Cristo.

Entendi que não se pode tirar conclusões precipitadas, que era necessário buscar informações corretas, cabendo aos médicos avaliarem as possíveis limitações e sequelas, assim como as chances de recuperação. Respostas exatas e precisas não existem. Tudo vai acontecendo de acordo com a evolução do quadro apresentado. Desde então venho encontrando forças para lutar, para acreditar que sou capaz de encontrar a saída. Ainda que a medicina e os exames insistam que o problema pode deixar sequelas, tudo o que faço é celebrar por eu estar vivo. Aprendi – e posso dizer que continuo aprendendo – que nenhuma doença, seja ela física ou psíquica, aparece de um momento para outro. Alguns sintomas começam a sinalizar que algo não vai bem ao nosso organismo e não podem ser ignorados ou negligenciados. O que parece simples nem sempre é, podendo, inclusive, tornar-se muito grave. O maior problema, ao menos para mim, foi o fato de ir me acostumando com muitas coisas que sentia.

Enfim, meu processo tem sido lento e gradual. Uma vez diagnosticado o problema, precisei e preciso trilhar os caminhos da superação e, se Deus assim quiser, atingir a cura, a qual, para mim, vem da presença do Senhor. É Ele quem me impulsiona em meio às tribulações, dando-me força para enfrentar a vida e as enfermidades que dela fazem parte, afinal, cada momento, sejam eles bons ou ruins, tem sido sinais de sensatez e sabedoria. Momentos ruins não são eternos, são como tempestades que só duram por algum momento e algumas vezes acontecem em nossa vida para nos amadurecer. Aprender a ser paciente tem sido um dos melhores antídotos contra a ansiedade que fica gritando dentro de mim, mas devo aprender a controlá-la, pois recuperação demora, ao mesmo tempo em que me torno mais compreensivo com minhas próprias fragilidades e passo a ser mais tolerante com os outros e comigo mesmo. Paciência, tolerância e perseverança não são adaptações simples. Fazem parte do processo e tem o efeito mágico de fazer as dificuldades serem vencidas.

Engraçado... Quando estamos debilitados, sob os cuidados da medicina, orientado pelos médicos, não por acaso somos chamados de "pacientes". Penso que paciência é o tempo, a oportunidade que tenho, para que eu possa refletir e me encontrar pessoalmente. Com muita paciência e dedicação procuro renovar minhas energias e viver o dia de hoje em busca de dias melhores, sem lamentações e rancores pela situação ocorrida. Descobri que a vida é muito curta para ser infestada com sofrimento do passado. Como recomenda Santa Teresa D'Ávila: "Nada te perturbe, nada te espante, tudo passa, só Deus não muda, a paciência tudo alcança; quem tem Deus, nada lhe falta! Só Deus basta".

Acredito que Ele é fiel e não dá cruzes mais pesadas do que as nossas forças, e cada uma delas é para nosso bem, por mais incrível que possa parecer. Ele sabe como cuidar das marcas, dos traumas e das feridas que trazemos, afinal, Ele disse que carregaria o fardo conosco. Ele convida: "Vinde a mim todos vós que estais cansados de carregar o peso do fardo, e eu darei descanso. Carregai a minha carga e aprendei de mim, porque sou manso e humilde de coração, e encontrareis descanso para vossas vidas. Porque a minha carga é suave e o meu fardo é leve" (Mt 11, 28-30).

CAPÍTULO 16

MOMENTO... DESABAFO

Interessante, como pensamos e agimos com nosso corpo, que vai de um simples andar, subir uma escada, virar a cabeça, dobrar o joelho e uma enorme lista de tudo que fazemos da hora que acordamos à hora que dormimos e que, muitas vezes, não nos damos conta. Vou ser sincero ao dizer que pensava que nunca mais conseguiria recuperar minha energia. Devido ao trauma, meu circuito cerebral agora é diferente e, com isso, vem uma percepção diferenciada do mundo. Embora eu parecesse e fosse à mesma pessoa, em algum momento, andar e falar, como era antes do derrame, agora é diferente, como muitos dos meus interesses, gostos e desgostos.

Era, portanto, a hora de buscar soluções que se adaptassem à minha nova situação de vida, proporcionando dignidade e respeito, afinal, deficiência não é antônimo de eficiência, logo, em meu entendimento, precisava ser tratado não com pena, não como um "coitado", mas com respeito a minha privacidade, e necessitava sentir-me presente, ativo e eficiente dentro desse novo contexto apresentado. Como escreveu Augusto Cury: "Ser feliz é deixar de ser vítima dos problemas e se tornar um autor da própria história. É saber falar de si mesmo. É não ter medo dos próprios sentimentos". Tenho a ousadia de completar dizendo que ser feliz é achar a força no perdão, esperança nas batalhas, segurança nas situações de medo e amor na discórdia. Durante nossa vida travamos vários combates e, muitas vezes, criamos para nós mesmos um falso conceito de que a felicidade consiste em não termos problemas.

Penso que ser feliz não é só apreciar o sorriso, mas também refletir sobre a tristeza. Não é só celebrar os sucessos, mas aprender lições dos fracassos. Não é só sentir-se feliz com os aplausos, mas também ser feliz no anonimato. Enfim, ser feliz é parar de sentir-se vítima dos problemas e se tornar autor da própria história, utilizando as perdas para treinar a paciência, pois se formos esperar que os problemas desapareçam para só aí sermos verdadeiramente felizes, isso dificilmente acontecerá.

Diante de tudo isso, pergunto: o que seria de mim sem os reforços diários de que ficaria bom? O que seria de mim sem as horas dedicadas às sessões de fonoaudiologia e leitura em voz alta para os exercícios de minha fala? O que seria de mim sem indicações de profissionais "fora de série" para me recuperar? O que seria de mim sem a tranquilidade de uma irmã ao cuidar de mim? O que seria de mim sem as enfermeiras que me deram TODA a assistência, medindo minha pressão arterial, dando os medicamentos na hora certa, além de me ajudarem nas tarefas que a minha imobilidade não permitia, quando nem sabiam quem eu era? O que seria de mim sem mensagens de apoio ao longo desses meses? Estava disposto a fazer o esforço da tentativa? E o principal: estava disposto a enfrentar a agonia da recuperação? Diante de tantas indagações, posso afirmar que disposição para me recuperar era uma atitude que eu tinha de definir um milhão de vezes por dia. Desde bem no início de minha reabilitação, sem ter conhecimento de minhas limitações ou não, defini claramente que iria me esforçar. Sei que tenho uma parcela de responsabilidade, mas nada como tantas pessoas para me ajudar! Sem apoio, tenho uma certeza, eu teria dificuldades em superar como estou superando!

Certa vez ouvi os médicos dizerem: "Se você não recuperar suas habilidades em até seis meses depois do AVC, não as terá nunca mais". Acreditem, isso não é verdade. Os cientistas bem sabem que o cérebro tem uma tremenda habilidade de mudar suas conexões tendo por base a estimulação que recebe. Essa "plasticidade" do cérebro é a base de sua capacidade de recuperar funções perdidas. Acho que isso nos dá uma pequena noção do quanto não conhecemos nosso cérebro, o quanto ele está pronto para exercer sua plasticidade.

Notei significativa melhora quando percebi que meu corpo estava em plena recuperação. Uso muletas, porém tenho certeza de que um dia irei caminhar sem que nenhum acessório seja necessário. Digo que, mesmo andando de muletas e articulando mal as palavras, sou o mesmo ser humano de antes, apenas com algumas limitações, com a visão de alguém que, momentaneamente, encontra-se sem a liberdade de ir e vir sozinho, sem autonomia pela inércia do braço e da perna com limitações; no entanto, a vaidade, a autoconfiança e a autoestima permanecem comigo, apenas um pouco enfraquecidas e frustradas com a vida.

Eu sei que a vida é extremamente atribulada e sei que me encontro em outro "momento" agora, porém, sigo acreditando que há algo da ordem do desconhecido, sustentado pela esperança de que é possível a mudança de quadros, ainda que só parcialmente. Por isso sempre procuro acreditar e tenho esperanças de que tudo pode ficar melhor. Quanto às sequelas, espero e tenho me esforçado para que amanhã elas diminuam e que eu me aproxime o máximo possível do que era antes.

A persistência e a teimosia continuam a me incentivar dentro dos meus limites. Tenho vivido uma verdadeira maratona, enfrentando uma burocracia invejável, para obter guias e autorizações. Todos os procedimentos são morosos e depende da insistência permanente, no entanto, meu objetivo é jamais desistir de lutar para ter a minha independência, ainda que parcialmente, de volta.

Hoje estou me recuperando, com reflexos mais apurados, equilíbrio melhor e linha de raciocínio mais clara. Milagre? Destino? Força de vontade? Minha reabilitação surpreende, já que é bem usual que as vítimas fiquem com sequelas para o resto da vida. Longe de ser um milagre, em meu caso particular, a recuperação, segundo a cardiologista que tem acompanhado meu caso, está sendo devido a uma capacidade natural do cérebro, chamada cientificamente de "plasticidade cerebral", que permite reorganizar a estrutura e o funcionamento.

Afirmo que aceitar não é entregar-se ao destino, desistir da busca, mas compreender o que está acontecendo, colher um aprendizado do momento de dor e seguir em frente para continuar a jornada, afinal, para perceber e sentir o lado bom da vida, as vitórias, os bons sentimentos, o reconhecimento daquele esforço, (in) felizmente, precisamos já ter experimentado o sabor amargo da derrota, a falta de esperança, de controle, de praticamente tudo.

Concluo como se chegasse ao fim de uma caminhada sofrida e esforçada a que fui obrigado a percorrer de um momento para o outro, completamente contrária à vida que tinha antes. Tenho limitações, mas aprendi a agradecer por cada dádiva de superação que me é concedida. Então, se você chegou com sua leitura até aqui, quero te convidar: o que você acha de agradecer também? O que acha de fazer a diferença, sair da zona de conforto? Penso eu que estamos neste mundo, mas não somos deste mundo, e que nossas escolhas são decisivas em nossas vidas.

CAPÍTULO 17

FÉ

> *Porque em verdade vos digo que, se tiverdes fé como um grão de mostarda, direis a este monte: passa daqui para acolá – e há de passar; e nada vos será impossível.*
>
> (Mt. 22, 20).

Não estou aqui para falar de Deus ou entrar no mérito das religiões. Não. Penso eu que, independente de nossa espiritualidade, todos devemos sustentar nossas crenças e manter a certeza de que tudo acontecerá da maneira necessária e correta, com a proteção Divina. Neste mundo vazio, em que impera, muitas vezes, o materialismo, o consumismo, e em que os valores se perdem, é preciso ter e viver a crença, que é a nossa rocha forte, independente de religião ou credo.

Digo que, junto com o Acidente Vascular Cerebral, nos primeiros momentos, nasceu dentro de mim uma crise gerando medo, insegurança, desarmonia, incapacidade e desespero, crise esta que serviu como um teste para que Deus pudesse avaliar a resistência e a força de minha fé e para que eu aprendesse e crescesse. Assim, escrevo a você, que agora está lendo este simples e verdadeiro relato: não desista e, perante as tribulações da vida, jamais se desespere, pois elas apenas servem para testar a sua fé, demonstrando ao Senhor o seu compromisso e o seu amor.

Passado o momento de chorar, sentir e reclamar, voltei para dentro de mim e procurei me acalmar, orar, elevar meu pensamento ao Pai, conversar com Ele, desabafar, agradecer e fazer meus pedidos, buscando na oração o conforto dos momentos de vazio, de inquietude, substituindo pensamentos negativos e obsessivos pela prece. Tenho aprendido que uma pessoa forte em Deus chora, mas suas lágrimas regam a esperança. Uma pessoa forte se abate, porém, seu abatimento é apenas um momento de descanso para se reerguer. Uma pessoa fortalecida em Jesus não se dobra, e se o mundo a fizer dobrar-se, ela não quebra. É como aqueles velhos ditados: "Nóis inverga, mais numa quebra"; "Vaso ruim não quebra". Recorro a uma frase que li certa vez, não me lembro de onde: "Comece fazendo o que é necessário;

depois, o que é possível. E, de repente, você estará fazendo o impossível". É uma lição que cabe perfeitamente, ao menos para mim, para o problema de saúde pelo qual estou passando. Afirmo que uma medida eficaz para a superação do meu problema foi e está sendo tentar encontrar situações nas quais os pensamentos negativos não fluam.

O importante, para mim, tem sido fazer algo para espairecer a cabeça, em vez de ficar "martelando" a mente com a lembrança de determinado fato, ainda que alguns momentos sejam difíceis esquecer. Quando não damos força ao problema, ele deixa de ser devastador. O segredo para ter serenidade está em compreender que cada acontecimento é um dom de Deus, portanto, desfrutar dos bons momentos e aprender com os ruins são sinais de sensatez e sabedoria.

Neste momento, alguém que está com um problema sério de saúde, deitado numa cama, sem vontade de viver, pode questionar: "Mas como eu faço para reagir?". Se me permitem, diria simplesmente para começar dando alguns passos simples e habituais, como: tome um banho, alimente-se, limpe a casa. Tarefas simples da vida, mas é nas pequenas coisas do cotidiano que está a grande riqueza. Faça o necessário, dê um passo de cada vez, cuide do que é possível.

Acumular várias pequenas vitórias ao longo do processo aumenta nossa autoestima, nossa autoconfiança, mantém a motivação necessária para continuar a jornada e, de repente, estamos prontos para seguirmos adiante e retomarmos a busca de nossos maiores sonhos, afinal "ter coragem não é ausência de medo e, sim, conseguir agir apesar de todas as incertezas. A verdadeira força consiste em ter coragem de agir quando se tem fortes medos, dúvidas e desejos alternativos" (Santo Agostinho). Essa oração de Santo Agostinho sempre me acalma e me ajuda a compreender meus limites humanos. Esse poder regenerador já foi comprovado inclusive por cientistas de todas as partes do mundo, os quais estudaram exaustivamente, na tentativa de entender melhor a relação entre a fé e a superação de doenças.

Uma pesquisa realizada nos Estados Unidos com pessoas hospitalizadas mostrou o quanto a oração intervém no restabelecimento da saúde. Os pacientes foram divididos em dois grupos: aqueles que rezavam e os que não rezavam. Os resultados demonstraram que as pessoas que rezavam curavam-se mais rapidamente e enfrentavam as tribulações com mais facilidade. A isso acrescento que a oração é o remédio que não tem contraindicação e que pode ser utilizado o quanto for necessário, pois rezar não faz mal para ninguém, pelo contrário, só faz bem. Posso dizer o que o estudo comprovou usando como exemplo todo o meu tratamento em particular.

Porém há quem perde a sensibilidade e o encanto pela vida e que diante do trágico se conforma e afirma: "Deus quis assim". Mas digo que, quando na falta de coragem para enfrentar as dificuldades que surgem em nosso caminho, devemos nos lembrar de que Deus está sempre pronto para nos amparar e nos fortalecer. E o Senhor nunca falha. A certeza de que Ele está conosco pode ser encontrada no Antigo Testamento: "O Senhor é minha luz e minha salvação, a quem temerei? O Senhor é o protetor de minha vida, de quem terei medo?" (Salmo 26,1). Para mim, as palavras de Jesus têm sido consolo e luz, um farol na escuridão. Elas têm me mostrado a certeza de fazer mais do que o possível e a confiança de que, no fim, tudo dará certo, pois quando o que parece impossível torna-se realidade, começamos a enxergar qualquer obstáculo como mais uma oportunidade de crescimento espiritual. Para mim, a fé foi e sempre será muito importante, pois me possibilita acreditar que Deus está preparando algo melhor. Isso me leva a esperar com confiança, apesar das dificuldades.

O interessante é que, muitas vezes, a fé vem com o sofrimento. O próprio Jesus não nos enganou a respeito disso quando nos disse: *"Se alguém quiser vir comigo, renuncie-se a si mesmo, tome sua cruz e siga-me"* (Mt. 16,24). Mesmo quando você sentir que caminha só, Ele continua ao seu lado, e se cair, Ele amparará sua queda e ajudará você a se levantar. Acredite sempre e confie em Deus, pois, para Ele, não existem impossíveis, Ele apenas dá a cada um de nós aquilo que sabe que conseguimos suportar.

Portanto, faça da fé a arma principal nas batalhas que travar na vida, pois ela fortalece, traz vigor e ânimo no enfrentamento de uma doença em tratamento, mantendo-nos sempre otimistas. E o otimismo vem da compreensão, aceitação e adaptação aos percalços que a vida pode trazer, enfim, problemas e dificuldades sempre os teremos. Nossa grande alegria é poder começar tudo de novo, porque fazemos a nossa vida dia por dia. Penso que viver pela fé não quer dizer abandonar um tratamento, não! Mas é crer mesmo sem ver, confiar de que o Deus que cura está junto de nós e por isso nos concede tudo o que precisamos. Basta abrir a Bíblia e ali veremos o testemunho de inúmeras pessoas que, por meio da fé, foram restabelecidas "Jesus então disse a mulher: Filha a tua fé te salvou. Vai em paz e fica livre da tua doença" (Mc 5,34). Afirmo ser nítido perceber a diferença na resposta, na recuperação e na evolução de quem se apoia na fé.

ORAÇÃO

Todo aquele que está em Cristo é uma nova criatura.
Passou o que era velho; eis que tudo se fez novo!
(2Cor 5,17).

Senhor Jesus, quero rezar pela minha recuperação do AVC. Peço perdão pelos momentos em que me encontrei abatido, desanimado, preocupado, deixando-me levar pela sensação de fracasso. Retira, Jesus, todos os maus pensamentos que atormentam minha mente e que acabam roubando a paz do meu coração. Meu Deus, em nome de Jesus e com a intercessão da Virgem Maria, venho em Tua presença pedir a graça da benção. Sei que não sou merecedor, mas eu creio que estás colocando Tuas mãos sobre a minha doença.

Humildemente, peço que corte o mal pela raiz, traga a cura interior de que preciso. Faz com que as lembranças que me machucam possam ser substituídas por bons pensamentos. Obrigado, Jesus, porque Tua benção é real e muitas pessoas estão experimentando Tua cura. Tu, que conheces todas as perturbações que afligem minha vida, arranca toda a raiz de ansiedade. Que Teu sangue me lave e liberte e que o Espírito Santo coloque paz em meu coração tantas vezes aflito e ansioso. "Pedi e recebereis", foi o que disseste, e eu creio nessa Tua promessa. Peço, então, que toda a doença, toda a tristeza, seja expulsa do meu físico, dos meus pensamentos e sentimentos.

Que eu acorde todas as manhãs com ânimo renovado e com um sorriso no rosto, porque sei que Deus está ao meu lado. Que eu possa sempre lembrar de que nunca está sozinho quem anda com Jesus. Vem Espírito Santo, encha-me com Tua presença para que a paz esteja presente em minha mente. Por maiores que sejam as provações pelas quais esteja passando, sei que irei vencer em Ti, Jesus. Obrigado pela cura que o Senhor está realizando no meu interior. Sei que, de hoje em diante, dia a dia, farás obra nova em mim. Quero, Senhor Jesus, nesta oração, entregar-Te a todos aqueles que se encontram nos leitos dos hospitais e também pedir pela pessoa que acabou de ler este rascunho. Peço que toques seu mais profundo ser, seus pensamentos, suas emoções, sua alma.

Amém!

    O dia 17 de dezembro de 2017 completou exatamente um ano do dia em que sofri meu AVC. Ao mesmo tempo em que a memória de tudo que passei não está tão presente (ela se mostra apenas uma lembrança), posso dizer que estou passando por muita coisa nesse espaço de tempo e que tem sido para mim um aprendizado constante, afinal, posso dizer que nasci de novo! Sabem... Muita coisa aconteceu nesses meses que se passaram (posso dizer que nem eu acredito que já se passou tanto tempo!).

    Faço um balanço do que passei e, principalmente, do que vivi no meu primeiro ano de recuperação. É difícil transmitir essa sensação, mas posso afirmar que sei o que é sofrer um Acidente Vascular Cerebral, pois senti na própria pele, ninguém me contou. Vivi e ainda vivo isso, mas escolhi superar, e o meu corpo e a minha cabeça estão juntos nesse objetivo. Aprendi e, penso eu, que podemos reunir um arsenal com fisioterapia, fonoaudiologia, acupuntura, entretanto, muitas vezes nos esquecemos de como devemos lidar com a nossa cabeça: ela pode ser a maior incentivadora, mas também pode ser aquela que mais nos boicota. Por isso escolhi ter uma postura positiva, aceitar e correr atrás do prejuízo e ver o quanto conseguia melhorar. Sei que minha reabilitação é um ponto fora da curva e coisa e tal. Também sei que não é fácil, mas sou responsável pelos pensamentos que vão tomar conta de mim. E os pensamentos, bem... estes, estou aprendendo que fazem verdadeiros milagres.

Sinto-me, modéstia à parte, um vitorioso, mostrando aos outros que é possível passar por adversidades com fé e otimismo. Não escrevo para me gabar, mas para mostrar que, respeitando o tempo de Deus, com esforço e perseverança, tudo se consegue. Se você, alguém da família ou algum conhecido está passando por isso (peço a Deus que não), não desanime. A luta é difícil, mas só vai se tornar menos difícil se a encararmos de frente e mostrarmos que a vontade de vencer é maior. Como tudo na vida, o tempo sabe o que faz. Aprendi que não adianta lutar contra ele, que é melhor tê-lo como um aliado. Como uma das minhas amigas um dia me falou: *"Rogério, se a vida te deu limões, faça com eles uma refrescante limonada"*.

Sabem... Decidi que não viverei à sombra do que se passou comigo em dezembro de 2016. Não viverei em função do que me aconteceu numa determinada manhã. Descobri que a vida é muito curta para ser infestada com sofrimento do passado. Aconteceu, passou, investiguei, estou em recuperação e pronto. Não estou ignorando ou maquiando um problema que tive. De forma alguma, afinal, meu estado hoje não diminui o quadro pelo qual passei; estou passando um bom tempo até recuperar, ainda que parcialmente, minha independência. Nada aconteceu ou está acontecendo de uma hora para outra; são muitas horas de exercícios, muitas sessões de fonoaudiologia e de fisioterapia presenciais e não presenciais.

Nesse tempo de luta árdua, muito suor na camisa (literalmente, muito suor) e muita dedicação, posso dizer que estou, aos poucos, recuperando-me. Não consigo isolar um fato específico: se foi o trabalho da equipe médica, se foi a fisioterapia (o que está sendo realmente essencial para a minha recuperação), a fonoaudiologia (ainda falo pausadamente), o tempo ou meus exercícios diárias. Acho que é tudo associado. Por mais difícil que seja vencer os obstáculos e as barreiras, em nenhum momento eu me deixo vencer. Não deixo um dia passar sem que eu pense em me recuperar (mesmo que, em alguns momentos, sem evoluções muito nítidas). Pode não ser no dia que eu quero, mas tenho fé que vou conseguir, respeitando o tempo de Deus. A passagem de Eclesiastes 3, que se encontra na Bíblia, ensina-nos que:

"Para tudo há uma ocasião, e um tempo para cada propósito debaixo do céu.

Tempo de nascer e tempo de morrer.

Tempo de plantar e tempo de arrancar o que se plantou.

Tempo de matar e tempo de curar.
Tempo de derrubar e tempo de construir.
Tempo de chorar e tempo de rir.
Tempo de prantear e tempo de dançar.
Tempo de espalhar pedras e tempo de ajuntá-las.
Tempo de abraçar e tempo de se conter.
Tempo de procurar e tempo de desistir.
Tempo de guardar e tempo de lançar fora.
Tempo de rasgar e tempo de costurar.
Tempo de calar e tempo de falar.
Tempo de amar e tempo de odiar.
Tempo de lutar e tempo de viver em paz".

Posso dizer... Estou insistindo até conseguir fazer as coisas do jeito que anteriormente eu fazia. Sempre desafiando limites, mas nunca sendo irresponsável, reconhecendo os obstáculos que tenho que ultrapassar, afinal, a vida da gente é movida por objetivos e obstáculos sempre vão aparecer. Mas o que interessa é passar por eles com perseverança, esperança, esforço, otimismo, superação e muitas outras qualidades. Como escreveu uma grande poetisa: "Recria tua vida, sempre, sempre. Remove pedras e planta roseiras e faz doces... Recomeça" (Cora Coralina).

Enfim... Agradeço a cada mensagem, oração, pensamento e energia positiva que foram transmitidos sem que eu precisasse pedir. Vieram gratuitamente, brotando no coração e no pensamento de quem acompanha a minha luta contra o AVC. O que posso mais uma vez repetir é que com determinação, foco e comprometimento na reabilitação, conseguirei vencer a luta contra esse trauma neurológio que sofri. Obrigado a quem leu este relato e quem torce por mim. Peço que Deus continue abençoando a vida e a família de vocês. E como diz Zeca Pagodinho:

"Deixa a vida me levar (vida leva eu).

Deixa a vida me levar (vida leva eu).

Deixa a vida me levar (vida leva eu).

Sou feliz e agradeço por tudo que Deus me deu.

Só posso levantar as mãos pro céu.

Agradecer e ser fiel ao destino que Deus me deu.

Se não tenho tudo que preciso.

Com o que tenho, vivo de mansinho, lá vou eu.

Se a coisa não sai do jeito que eu quero.

Também não me desespero.

O negócio é deixar rolar.

E aos trancos e barrancos, lá vou eu.

E sou feliz e agradeço por tudo que Deus me deu.

E deixa a vida me levar (vida leva eu).

Deixa a vida me levar (vida leva eu).

Deixa a vida me levar (vida leva eu).

Sou feliz e agradeço por tudo que Deus me deu".

Renda-se, como eu me rendi. Mergulhe no que você não conhece como eu mergulhei. Não se preocupe em entender, viver ultrapassa qualquer entendimento.

(Clarice Lispector).

Fim

REFERÊNCIAS

ANJOS DE RESGATE. *Tua família.* Brasília: Som Livre, 2009. Suporte 4:38.

BRANCO, Augusto Branco. *Vida:* já perdoei erros quase imperdoáveis. São Paulo: V&R, 2012.

CARVALHO, Mariluci. *Poesias.* Rio de Janeiro: Recanto das Letras, 2007.

CORALINA, Cora. *Vintém de cobre:* Meias confissões de Aninha. Rio de Janeiro: Global, 2007.

CURY, Augusto. *Dez leis para ser feliz.* Rio de Janeiro: Sextante, 2010.

GILBERT, Martin. *Winston Churchill:* uma vida. São Paulo, Casa da Palavra, 1991.

LISPECTOR, Clarice. *Um Sopro de vida (Pulsações).* São Paulo: Nova Fronteira, 1978.

MAIOR, Marcel Souto. *As vidas de Chico Xavier.* São Paulo: Leya, 2010.

NEVES, Edson Pereira. *Nunca é tarde.* Porto Alegre: Age, 2017.

PAGODINHO, Zeca. *Deixa a vida me levar.* Rio de Janeiro: Universal Music, 2018. Suporte: 3:37.

PEREZ, Magda Spalding. *Amor, Vida, Cuidado:* o Acidente Vascular Cerebral sob o olhar da família. Porto Alegre: Metamorfose, 2014.

QUINTANA, Mario. *Esconderijos do tempo.* Porto Alegre: L&PM Editores, 1980.

ROSSI, Marcelo Mendonça. *Philia: derrote a depressão, o medo a outros problemas aplicando o Philia no seu dia a dia.* São Paulo: Principium, 2015.

SILVA, Maria Júlia Paes de. *Qual o tempo do cuidado?* São Paulo: Edições Loyola, 2004.

TAYLOR, Jill Bolte. *A cientista que curou seu próprio cérebro.* Curitiba: Ediouro, 2008.